最高道徳の格言

公益財団法人
モラロジー道徳教育財団

まえがき

今日、科学技術の進歩は私たちに生活の豊かさをもたらしましたが、併せて物質本位や利己主義などの社会風潮を蔓延させ、各所で人間疎外の深刻な問題を生んでいます。また、行き過ぎの情報化社会にあって、人々は情報過多に翻弄され、正しい価値観や生活基準を見失いつつあります。現代はまさに危機と混乱の時代であるといえましょう。

私の祖父、法学博士廣池千九郎（一八六六～一九三八）は、世界諸聖人の教説、教訓およびその実行上に一貫する道徳原理を最高道徳と名づけ、その有効性を現代諸科学の成果に照らして明らかにし、これこそ人類の生存、発達、安心、平和、幸福実現の根本原理であるとして、一九二八年（昭和三年）に新科学モラロジーを創建しました。そしてこの最高道徳をみずから実践し、その実地の体験の結晶を格言集にして遺しました。それは『道徳科学の論文』第二巻に「最高道徳の大綱」として収められています。

本書は、それらの格言のうち、危機と混乱の現代社会に生きる私たちの指針としてとくに重要と思われるものを抜き出し、新たな解説を付したものです。
時代が変わり、社会の諸相がいかに変化しても、聖人の教えは揺らぐことはありません。読者の皆様におかれましては、本書の格言の一つ一つをかみしめ、味わいつつ、いよいよ精進を積み重ね、実りある日々を送られ、もって幸せな生涯を全うされますよう念願いたします。

昭和五十九年五月五日

財団法人モラロジー研究所所長
廣池千太郎

目次

第二部　最高道徳実行の指針

凡例

一、「最高道徳の大綱」の格言百四十の中から六十三、それ以外から二(「自我を没却して神意に同化す」「伝統を祖述して義務を先行す」)、計六十五の格言を採録して、新たな解説を付した。なお、解説文の中で紹介した格言が八つある。

二、読者の学習に便利なように、第一部「最高道徳実行の根本原理」、第二部「最高道徳実行の指針」の二部に分けて構成した。

三、第一部は、最高道徳実行の目的と意義を示した格言を冒頭に配し、以下は自我没却の原理、慈悲実現の原理、義務先行の原理、伝統尊重の原理、人心開発救済の原理、道徳的因果律を象徴する格言を選び、その配列も上記の順序に従った。第二部の配列は「大綱」の順序に従った。

四、格言の読み方は原則として「大綱」に準拠したが、教育上の配慮から一部改めた。

第一部　最高道徳実行の根本原理

1 天爵《てんしゃく》を修《おさ》めて人爵《じんしゃく》これに従《したが》う

この格言は、最高道徳実行の目的と意義を示したものです。

この句は『孟子《もうし》』告子《こくし》上篇にあるもので、道徳の実行にもとづいて品性を完成することが、人間の幸福実現にとって根本であることを教えています。

孟子は、中国古代において、国王から諸侯《しょこう》や臣下《しんか》の功績に対して与えられた位階《いかい》を「人爵」と称しました。これに対して、道徳を実行することによって培《つちか》われた品性や人格を、天から与えられた位として「天爵」と称しました。そして「昔の人は天爵を修めることのみに努め、その結果として人爵を与えられたのであるが、今の人は人爵を得たいがために天爵を修めようとしている。これは物事の本末《ほんまつ》を見失っているものである」と述べています。

私たちは、事業が成功したり、学問上の業績が認められたりすることによって、それにふさわしい地位や名誉、利益などを得ることができます。また、職場や団体内での役職なども、その人の日ごろの努力や功績、あるいは人柄《ひとがら》が評価されて与えられるものです。さらに、人間関係に恵《めぐ》まれ、安定した生活を送っている人は、それまでの努力が報《むく》われているものといえます。

ところが私たちは、そのような地位や名誉、利益などを得ると、その上に安住して、苦労を忘れ、努力を怠《おこた》ってしまいがちです。これでは、せっかく得た成功や人望もやがて失われていくことになります。そこで私たちは、人生の本末を見失うことなく、不断に道徳を実行して、つねに品性を高めていくことが大切です。

モラロジーでは、世界の諸聖人の思想と事跡に一貫する最高道徳を実行し、品性を高めることが人生の根本であり、その結果として真の安心、平和、幸福が得られることを教えています。

天爵を修めるための最良の方法は、自我を没却して慈悲心を体得し、道徳的過失を償《つぐな》い、道徳的負債を返済するという義務先行の自覚をもって、伝統を尊重し、人心の開発救済に努力することです。

㈠ 自我を没却するとは、私たちの欲求を浄化《じょうか》して、利己心を克服《こくふく》することです。

㈡ 慈悲心を体得するとは、神の存在を認め、万物を生成化育《せいせいかいく》する慈悲の心になることです。

(三)　義務を先行するとは、神に対する義務をはじめとして、人間としてのさまざまな道徳的義務をすすんで果たすことです。

(四)　伝統を尊重するとは、私たち一人ひとりが恩人の存在を自覚し、その恩恵に感謝して報いていくことです。すなわち、家の伝統、国の伝統、精神伝統をはじめ、社会生活上の恩人である準伝統に感謝し、それらの伝統に報恩することです。

(五)　人心を開発救済するとは、利己心を克服して慈悲心を体得し、伝統に報恩することによって救済された心を、他の人々に移し植えていくことです。この人心の開発救済こそ、自他の品性を向上させるとともに、社会の秩序と平和を実現する要諦《ようてい》です。

このように、最高道徳には実行上の五つの原理があり、これらは互いに深く関係し、渾《こん》然《ぜん》と一体をなしていて、私たちの心づかいと行ないの標準、つまり品性完成の方法を示しています。したがって私たちは、最高道徳を実行することによって「天爵」すなわち最高品性を完成することができるのです。ここに、聖人の思想、道徳を根幹《こんかん》とするモラロジーが、天爵享受《きょうじゅ》の学問、あるいは品性完成の科学と呼ばれる理由があります。

2 自我《じが》を没却《ぼっきゃく》して神意《しんい》に同化《どうか》す

この格言は、利己心を克服《こくふく》して慈悲心を体得することが、最高道徳実行の基礎であることを述べたものです。

ここにいう「自我」とは、他人や社会の利害を顧《かえり》みることなく、ひたすら自分の欲望を満足させようとする利己的な心づかいのことです。「神意」とは神の意思のことで、それは公平と調和を求める宇宙的正義を実現し、万物を生成化育《せいせいかいく》する慈悲の心です。したがって「自我を没却して神意に同化す」とは、利己的な心づかいを克服して神の慈悲心を体得し、それを実現していくことです。

さて、現代社会に生きる私たちは、国家、社会の平和や個人の幸福を求めてさまざまな努力をしています。それにもかかわらず、不安や争いが絶えないのはなぜでしょうか。その根本的な原因は、私たち一人ひとりに、私が、自分が、という自分本位の精神が強くはたらいていることにあります。この精神が自己の生存、発達を妨《さまた》げているだけでなく、他人の幸福や社会の平和を害しているのです。したがって、幸福な人生や平和な社会を築くためには、どうしても利己心を克服して、慈悲心を体得する必要があります。

一般に、同情や親切などの心づかいや行ないは古くから美徳とみなされ、今日でも大切な道徳です。しかし、それは往々《おうおう》にして私的な感情に根ざしており、利己的な態度となって現われてきます。たとえば、自分と気の合う人とか利害を同じくする人には同情し親切を尽くしますが、他の人に対しては無関心である場合が多いのです。また、同情や親切のつもりで行なうことが、かえって相手を傷つけたり苦しめたりすることがあります。

また、何事にも熱心に取り組むとか、克己《こっき》の精神に富んでいるということは、日常生活のうえで大切なことです。しかし、熱心や克己は、それが過度になると、健康を害したり、社会の秩序を乱すことになります。同様に、遠慮や我慢、強情《ごうじょう》、負け惜《お》しみなども、利己心の表われといえましょう。

とくに高慢心は、利己心の強いことを表わしています。高慢心の強い人は、たとえ形のうえでは正直であっても、あるいは従順であっても、いざという場合には、自分のわがままを押し通そうとします。さらに私たちは、無意識のうちに偏見や差別心にとらわれ、他人を傷つけていることがあります。たとえば他人の足を踏みつけている人は、踏まれている人の痛みに気づかないものです。

　このように考えてきますと、私たちの精神作用がいかに不完全であり、利己的であるかがわかります。モラロジーでは、そのような不完全な精神作用を改め、人格を根本的に改造する道を教えています。

　自我を没却するということは、みだりにへりくだるとか、むやみに消極的になるとか、極端に禁欲的になるということではありません。それは、人々の幸福を実現するために、神意に同化して、自分の生命、財産、自由などを積極的に活用していくことです。

　私たちが自我を没却するときには、まったく自分の権利も人格も失ってしまうように考える人もいますが、実際には、自我を没却して自然の法則に従った人が立派な人格者となり、社会からも厚い信用を得て、いっそう大きな自由と喜びが与えられるのです。また、信頼で結ばれた和《やわ》らいだ人間関係、ひいてはよりよい平和な社会を築いていくことができるのです。

3 意《い》なく必《ひつ》なく固《こ》なく我《が》なし

この格言は、自我を没却した心の状態を示したものです。

これは、『論語』子罕《しかん》篇の中で、弟子が孔子の人格をたたえて述べた言葉です。つまり、孔子はまったく利己心にとらわれることなく、もっぱら天道に従って行動したというのです。

「意」とは、自分の主観だけで判断するということです。

「必」とは、自分の考えを無理に押し通すことです。

「固」とは、一つの判断に固執《こしつ》することです。

「我」とは、自分の立場や都合だけを考えることです。

したがって「意なく必なく固なく我なし」とは、自分勝手な考え、無理押し、頑固《がんこ》、自己本位の行動がまったくなく、自然の法則に従って生きるということです。いいかえれば、広い視野に立って客観的に物事を判断し、他人の意見に十分に耳を傾け、そして、すべてのことに広い心をもって柔軟《じゅうなん》に対応し、どのような場合でも相手の立場を思いやって行動することです。

ところが、私たちの心の中には、意、必、固、我のいわゆる自我が根強く存在し、そのために人間関係が思わしくなくなり、ついには進退窮《きわ》まってしまうこともあります。このような自我、すなわち利己的な心づかいがあるうちは、私たちの心の中に神の慈悲心は育ちません。

モラロジーでは、自我を取り除くために、次の三つの方法を提示しています。

第一に、自己を保存し発達させようとする欲求そのものを浄化《じょうか》することです。つまり、とかく利己的にはたらきやすい食欲、性欲などの生理的欲求や、所有欲、知識欲などの社会的欲求を浄化して、正しく活用するように努めることです。

第二に、自然の法則の存在を認め、その法則に従って生活することです。私たちの心も体もすべて自然の創造物であり、私たちは自然の生成化育《せいせいかいく》のはたらきによって生かされているのですから、自然の法則をよく理解し、謙虚《けんきょ》になって、みずからの心づかいと行ないをこれに適合させていかなければなりません。また、社会生活上にもルールがあります。自分の住む国や社会の法律や慣習、礼儀作法などを尊重し、これに従っていくことが必要です。

第三に、慈悲心を培《つちか》うことです。仏教で「一切《いっさい》の衆生《しゅじょう》は悉《ことごと》く仏性《ぶっしょう》あり」といわれているように、私たち人間はすべて生まれながらに道徳的な素質をもっています。この素質は、学習と経験によって生涯にわたって発達していきます。したがって、私たちが日々の生活の中で、たえず道徳心をはぐくみ、慈悲心を体得、実現するように努めていくことによって、いつとはなしに自我はとれていきます。

自我を没却することは、結局、自分自身にも、社会全体にも幸福をもたらすことになります。自分の欲望、高慢心などの自我を捨てることができないために、不安や苦悩が生まれるのです。孔子は「人の己《おのれ》を知らざることを患《うれ》えず、人を知らざることを患う」（『論語』学而篇《がくじ》）と述べています。私たちは、他人の欠点を気にかけるよりも、他人の長所や功績を認めることができるように自分自身の心づかいを改めていくことが大切です。そして、他人の幸せのために誠意をもって尽くし、国家や社会の発展に努力するようになれば、おのずから心が安らかになり、個人の幸福と社会の平和が実現していきます。

4 我《われ》これを為《な》すにあらずただこれに服《ふく》するのみ

この格言は、自我を没却し神意に同化して生きる基本的精神を述べたものです。「我これを為すにあらず」とは、すべての物事の成就《じょうじゅ》が自分の知識や力によるのではなく、自然の力、すなわち神の力によるということです。「これに服するのみ」とは、この自覚に立って、自然の法則に絶対の信頼を置き、それに従い神の意思を実現していくということです。このように、真に自我を没却して神意に同化すれば、私たちの心は平和になり、温和《おんわ》となって、品性が高まっていきます。

私たちは何事かを行なう場合、自分の知識や力によってそれをなそうとし、またそれが成功すると、すべて自分の努力の結果であると考えがちです。このような知識や力に対する過信は、往々《おうおう》にして他人との争いを引き起こし、ひいては社会の不安を招くことになります。私たちは決して自分一人の力で生きているのではなく、大自然の恩恵を受け、多くの人々によって支えられ、生かされているのです。

たとえば太陽、水、空気などの自然の恩恵を思うとき、私たちは究極において大自然の法則に支配され、生かされている存在であることを自覚せざるを得ません。とくに台風や地震などの天災に遭遇《そうぐう》したとき、人間の力がいかに小さいかを痛感させられます。

また私たちは、悠久《ゆうきゅう》な歴史の流れの中に生かされている存在です。今日享受《きょうじゅ》している文明と文化は、数限りない先人の苦労、努力の結果、徐々に進歩、発展してきたものです。私たちは、これらの人類共有の財産の恩恵を受けて生活しているのです。

さらに私たちが今日あるのは、父母、祖先をはじめ、学校の先生や職場の先輩など、多くの恩人のおかげです。とくに、人類の教師といわれる聖人や各宗教の開祖の恩恵を忘れてはなりません。これらの人々は、人生の意義と標準を示し、私たちの精神を道徳的に覚《かく》醒《せい》してくれた恩人です。

このように自分が生かされている存在であることを深く悟れば、私たちはおのずから謙《けん》虚《きょ》になり、感謝の心ですべてのことに対応しようとする心が生まれてきます。また、自分の運命や境遇をしっかりと心に受けとめることができるようになります。そして、将来に向けての勇気と活力が湧《わ》き、すべて神の意思に従って生きていこうという気持ちも生じてくるのです。そこで私たちは、「我これを為すにあらずただこれに服するのみ」という自覚をもって進んでいくことが大切です。

最高道徳でいう「服する」とは、次の三つの内容をもっています。

第一は、世界の諸聖人の教訓および事跡に感激し、その聖人の心を体得し、教えに服するのです。

第二は、各自の運命、境遇の成立について理解し、生かされた存在であることを自覚し、感謝して服するのです。

第三は、人心の開発救済に尽力することによって、過去の道徳的過失を償《つぐな》い、将来に向かって積徳ができるという楽しみをもって服するのです。

同情、親切、犠牲《ぎせい》、奉仕などの心づかいや行ない、つまり普通道徳も、この「服する」という精神を体得することによって、はじめて最高道徳になるのです。

また私たちは、この「服する」ということを自発的に実践に移すとき、真に喜びに満ちた、生きがいのある生活ができるようになります。

5 慈《じ》悲《ひ》寛《かん》大《だい》自《じ》己《こ》反《はん》省《せい》

この格言は、最高道徳実行の根本精神を述べたものです。

慈悲はもともと仏教の用語で、古来、中国でも日本でも、苦しみを抜いて楽しみを与えること（抜苦与楽《ばっくよらく》）と解釈されています。モラロジーでは、この仏教の慈悲を、孔子の仁《じん》やイエスの愛とその内容がほぼ同一であるとみなし、これらに一貫している本質的内容を「慈悲」と呼んでいます。これは、利己心を取り去って、生きとし生けるものを慈《いつく》しみ育てようとする純真無我《じゅんしんむが》の精神と実行を意味しています。その源《みなもと》は神の心、すなわち万物を生成化育《せいせいかいく》する大自然のはたらきにあります。

「寛大」とは、一切のものを受けいれはぐくむ、広くて大きな心のことです。

「自己反省」とは、たとえどのような事態に直面しても、自分の道徳的努力の足りないことを反省し、決して他人を責めることなく、ますます至誠心を奮《ふる》い起《お》こして人生を開拓していく精神作用をさします。

　したがって「慈悲寛大自己反省」とは、聖人の教えに従い、神の心を体得して慈悲となり、伝統を尊重し、世界の人心を開発し救済しようという偉大な希望のうえから、他人を愛し、他人の過失悪行《あっこう》を許し、どのような場合にもすべての責任を自分に負って反省し、無我の至誠をもって努力するということです。

　モラロジーの創立者、広池千九郎は、大正元年（一九一二）に大患《たいかん》から奇跡的に脱したのち、大正四年（一九一五）には、一切をなげうって奉職していた宗教団体から身を引かざるを得なくなりました。そのときの心境を「日誌」に次のように記《しる》しています。

「たとい曲直《きょくちょく》いずれにあるも……みずから争うては平和唱道《しょうどう》の世界の開祖たることはできず。またその主義をもって人を感化すること能《あた》わざればなり。すべていかなることも、これを自己に反省し、謝罪し、感謝してこそ、人格の力は強大なるものなれ。かくてこそはじめて人心を救済することはできるなれ」

　すなわち、金銭も名誉も、学者のもっとも必要とする書物も、そのうえ協力者も失った千九郎は、真に自己の徳の足りないことを反省し、慈悲寛大の精神をもって相手方を愛し、いっさい聖人の教えに従い、世界の人心を開発救済するために、モラロジーの建設に向かって全力を尽くしたのです。

最高道徳を学び品性の向上をめざそうとする人は、つねに「慈悲寛大自己反省」を基準とし、その精神を培《つちか》っていくことが肝要《かんよう》です。

そのためには、まず神の実在を信じ、その信念をもって生きることです。すなわち、宇宙を支配する神に対して畏敬《いけい》と感謝の念をもち、神の心である慈悲の精神で毎日の生活を営《いとな》むことです。

私たちは自分の力で生きているのではなく、人間を超えた大きな力、すなわち神のはたらきによって生かされています。この自覚に立って自然の法則に適《かな》った生き方をしようとすれば、おのずから自己中心の心はなくなり、低い、優しい、温かい慈悲の心が育ってきます。

このようにして慈悲心を体得すれば、その喜びを分かち合うために、それを他の人々に伝え、さらに、慈悲心をもって社会のあらゆる問題の解決に積極的に努力していくようになります。そうすることによって、私たちははじめて真の安心、平和、幸福を実現することができるのです。

6　父母《ふぼ》の心《こころ》をもって人類《じんるい》を愛《あい》す

この格言は、私たちが実現すべき慈悲の極致《きょくち》を述べたものです。

ここにいう「父母の心」とは、すべての人々を育てあげようとする、広くて深い普遍的な愛のことです。

私たちは、いつ、いかなる場合、いかなる人に対しても、その人の親であるという心づかいで、その人の心を慰安《いあん》し、道徳心を開発して、幸せな人生を送ってもらえるように努力するのです。このような心で他人の精神を開発し救済することによって、はじめて自分自身の人生を完成することができます。つまり、自分の後輩や同僚に対してはもちろん、先輩や上司に対しても、真に低い、優しい、温かい心づかいをもって開発救済に努めるのです。たとえ自分の親に対しても、あるいは最高道徳の先輩に対しても、この心をもって接していくのです。

人を育てるには、まず適材を適所に配することが大切です。すなわち、その人の能力や適性をよく見きわめ、十分に力を発揮《はっき》できる場を与えて、その人が将来大きく育つように心を配るのです。また、人を育てるには、信賞必罰《しんしょうひつばつ》でなければなりません。たとえば職場などにおいて、上に立つ人は、一人ひとりの人格を尊重し、その功績を正しく評価して手厚く処遇《しょぐう》するのです。そして過《あやま》ちは、その人の将来を思いやって直《ただ》ちに改めるように注意することです。途中には叱《しか》ることもあり、罰《ばつ》することもありますが、結局はその人を育てあげようとする父母の心をもって対するのです。

家庭においても、親は子供を私物化することなく、神から授《さず》かったものとして、社会に役立つような人間に育てることです。たとえば進学や就職などの進路のことで助言する場合にも、親の見栄《みえ》や体裁《ていさい》などの利己心で判断するのではなく、真に子供の立場に立ち、その能力や適性が十分生かされるように配慮《はいりょ》するのです。

真の思いやりの心は、どのような場合、どのような人に対しても通じるものです。したがって私たちは、つねにこの父母の心を育てていくように心がけることが大切です。

モラロジーでは、この思いやりの心、すなわち慈悲の内容について、次のように説明しています。

㈠　慈悲は、人間を愛することを目的として、金銭、物品、または事業を次とする心です。

(二) 慈悲は、必ず公平かつ普遍的に人間を愛する心です。

(三) 慈悲は、すべての人を育てあげる親心です。

(四) 慈悲は、恩人に対する感謝報恩の心です。

(五) 慈悲は、人間の理性と感情との調和にもとづく、すべての人に対する深い思いやりの心です。

(六) 慈悲は、自分の苦労の結果を他人に分け与える心づかいです。

(七) 慈悲は、物事を独占《どくせん》しない心づかいです。

(八) 慈悲は、すべてのことに建設的に対処《たいしょ》していく心づかいです。

(九) 慈悲は、他人に対して好感、満足、安心を与える心づかいです。

(十) 慈悲は、つねに自己に反省する心づかいです。

これらの慈悲の内容は、聖人の教説や事跡を通じて知ることができます。私たちは、この慈悲にもとづく行為を積み重ねることによって、自己の品性を向上させていくことができます。また、すべての人を生かし育てる、真の意味の人間尊重の社会をつくり、人類の平和を築いていくことにもなるのです。

7
伝統《でんとう》を祖述《そじゅつ》して義務《ぎむ》を先行《せんこう》す

この格言は、義務先行の基本的精神を述べたものです。

ここにいう「伝統」とは、神および聖人の精神を受《う》け継《つ》いで、私たちの生命を生み育て、社会生活の基盤を与え、心づかいと行ないの標準を示してくれた恩人の系列のことです。「祖述」とは、単に先人の学説や実行に固執《こしつ》し盲従《もうじゅう》することではなく、その心を継承《けいしょう》して、さらに発展させるという意味です。したがって「伝統を祖述する」とは、伝統から受けた恩恵を自覚し、伝統の心を心として、それを現代に生かしていくということです。

次に「義務」とは、私たちに課せられている道徳的な義務をさします。私たち人間は、宇宙の生命現象の一つとしてこの世に生《せい》を享《う》けているのですから、自然の法則、すなわち神の意思に従わなければ人生を真に全《まっと》うすることはできません。そこで、生存の根源である神に感謝するとともに、万物を生み育てる神のはたらきを助けるという道徳的義務に目覚める必要があります。この義務をすすんで行なうことが「義務を先行す」ということです。

義務を先行するに当たっては、諸聖人をはじめもろもろの恩人から受けた恩恵を自覚し、感謝して、神および伝統の意思を祖述することが基本となります。このような精神で義務を先行すれば、私たちは永遠の生命につながり、品性を向上させて、運命を開くことができるのです。

この道徳的義務は、(一)神に対する義務、(二)歴史に対する義務、(三)社会に対する義務、(四)自己に対する義務、に分けて考えることができます。

聖人の教えによれば、私たちの生命、財産および自由はすべて神の所有です。このことを自覚して、神の恩恵に感謝し、万物を生み育てる神の慈悲心を実現していくことが、神に対する義務です。また、私たちは、神の意思に反して利己心にとらわれ、知らず知らずのうちに道徳的な過失をおかしています。そこで、みずからこの過失を償《つぐな》っていくことも、神に対する義務です。

今日、私たちが享受《きょうじゅ》している文化は、無数の先人の苦労、努力の結果、徐々に蓄積され、進歩し発展してきたものです。したがって、私たちには先人に対して道徳的負債があるといえます。そこで先人の苦労に深く感謝し、この苦労と努力のたまものである歴史的遺産と文化を継承し、責任をもっていっそう豊かに発展させ、子孫に伝えていくことが必要です。これが歴史に対する義務です。

社会生活は、他の人々との連帯と協力によって成り立っています。したがって、一人ひとりの人権を尊重し、他の人々の幸福の増進をはかり、社会奉仕活動にすすんで参加し、国家や社会の道徳的水準を高めるとともに、国際平和の実現のために積極的に貢献《こうけん》していくことが大切です。これが社会に対する義務です。

さらに、私たちの人生は一度かぎりのものです。この人生のかけがえのなさを考えるとき、私たちは、最大の努力を払って品性の向上に努め、自己の職務に励《はげ》み、人生を全うしていかなければなりません。これが自己に対する義務です。このように自己を完成することが、神および伝統の意思に副《そ》うことになるのです。

要するに、私たちにとって大切な義務は、もろもろの恩人の苦労に感謝し、その心を現代に生かしていくことです。とくに、精神伝統の人心開発救済に対するたゆむことのない努力に報《むく》いるために、私たち自身、人心の開発と救済に尽力しなければなりません。そうすることによって自己の品性が向上し、みずからの人生を全うすることができるのです。また、義務先行の精神が人々の心にみなぎり、義務先行の度合いが社会秩序の原理となってはたらく社会こそ、真に人間尊重の平和な社会といえましょう。

8

篤《あつ》く大恩《たいおん》を念《おも》いて大孝《たいこう》を申《の》ぶ

この格言は、人間生存の根本が諸伝統に対する報恩にあることを述べたものです。モラロジーでは、宇宙自然の法則に従って、人類の生存、発達、安心、平和、幸福の実現のために貢献《こうけん》してきた、人類共通の恩人の系列を伝統といいます。その源《みなもと》は宇宙根本の神にあります。

伝統には、家の伝統、国の伝統、精神伝統があります。家の伝統とは、家庭生活の恩人である父母および祖先をさします。国の伝統とは、国民生活の恩人の系列です。そして精神伝統とは、精神生活の恩人であって、聖人をはじめその教えをもって私たちの精神を開発し救済する最高道徳実行者の系列です。

ここにいう「念《おも》う」とは、心に粘《ねば》りついて片時《かたとき》も忘れることがない、ということです。したがって「大恩を念いて」とは、諸伝統の恩恵、すなわち大恩によって私たちの今日があることを自覚し、その恩をつねに忘れることなく、感謝するという意味です。また「申《の》ぶ」とは、伸ばすということで、「大孝を申ぶ」とは、諸伝統の大恩に報《むく》いていくとともに、その慈悲の心を受け継《うつ》ぎ、それが社会により大きく広がり、発展していくように努めることです。

この三伝統の大恩のほかに、私たちは社会生活においてさまざまな恩を受けています。たとえば親族、職場の先輩、取引先の人々、学問や教育上の師、その他就職や結婚の世話をしてくださった恩人などがあります。これらの恩人、すなわち準伝統に対しても、三伝統に準じて尊重し、謝恩を心がけていかなければなりません。さらに、その他日常の小さな恩も忘れてはなりません。《中恩《ちゅうおん》は永《なが》く酬《むく》い小恩《しょうおん》は忘《わす》れず》

このように伝統を尊重し報恩することが、最高道徳実行の根本条件です。ここに私たちが永遠の生命につながり、人類が無限の発展を約束される道があります。

伝統尊重の具体的な方法は次のとおりです。

家の伝統は、私たちの生命を生み育ててくれた生存の根源です。したがって、親や祖先に対して心から感謝し、報恩することが大切です。たとえば、どのような場合にも、親に安心と満足をしていただけるように心がけることです。そのためには、与えられた自己の生命を大切にし、信頼される品性の持ち主となり、社会的責任を果たすことのできる人間になることです。日常生活においては、つねに親の心を思いやり、必要なことは必ず報告し、相談することです。また、祖先の大恩を念《おも》って、その霊を祭り慰《なぐさ》めることです。国の伝統を尊重する方法は、つねに国家の運命を気づかい、国民としての義務を全《まっと》うすることです。すなわち、国際平和を願い、自国を愛し、法を守り、それぞれの立場から産業、教育、文化などの発展に至誠をもって寄与していくのです。

精神伝統に対する報恩の方法は、まずその教えにつながり、自己の心を立てかえることです。そして、その精神を祖述《そじゅつ》し、他人の幸福を心から願って、人心の開発救済に尽力するのです。

さらに準伝統に対しても、その恩に感謝し、直接、間接に報いていくことが大切です。たとえば職場においては、創立者をはじめ先人先輩の苦労、努力に感謝し、その心を継《けい》承《しょう》して、いっそう団体の発展に尽くすのです。

最高道徳では、三伝統と準伝統を深く尊敬するばかりでなく、具体的に各伝統に安心していただけるような心づかいと行ないをし、さらに、この世を去った伝統に対しても、毎年祭祀《さいし》を行ない、その霊を慰めるのです。これこそ単に自分一人の受けた私恩《しおん》に報いることとは違い、天地の公道にもとづく真の伝統報恩です。

9 言外《げんがい》の真理《しんり》を悟《さと》りてこれを行《おこ》なう

この格言は、伝統に報恩するときの根本的態度を述べたものです。

モラロジーでは、諸伝統に対して、その大恩に感謝し、苦労を思いやって、精神的、物質的に報恩を心がけていくことを教えています。伝統の立場にいる人は、どんなに人のために尽くしても、感謝や報恩は期待しないものです。そこで私たちは、すべてのものを生かし育てようとする伝統の心を推《お》しはかり、真心をもってその恩に報《むく》いるとともに、伝統の心を心として積極的に努力していくことが大切です。これが「言外の真理を悟りてこれを行なう」ということです。

伝統に対する報恩は、私たちが直接に恩恵を受けている生きた伝統に対して感謝し、安心していただけるように至誠をもって奉仕することです。このことを通じて、神およびそのはたらきを助ける伝統の系列の全体に報恩するのです。

たとえば家庭生活の恩人である父母、祖先に対して報恩する場合を考えてみましょう。

昔から「孝《こう》は百行《ひゃっこう》の本《もと》」といわれていますが、これは、自分の生命を生み育ててくれた親、祖先に対する孝養《こうよう》こそ、あらゆる道徳実行の基《もとい》であることを教えたものです。したがって、親孝行は人間生活における大切な道徳として尊重され、それを実行した人は社会から多くの尊敬と信頼を受けています。

親は子供を生み育て、一人前の人間になるまでどれほど献身的に努力し、苦労しても、それに対して謝恩を要求せず、ひたすら子供が立派な人間になることを願っています。そこで私たちは、親から受けた恩恵を決して忘れることなく、つねに親の苦労を思いやって、心から報恩していく必要があります。

従来の親孝行は、往々《おうおう》にして自分が世話になったから恩を返すというような、いわゆる私恩《しおん》に報いるという考えにもとづいて行なわれてきました。そのため、利害の反することが起こったときには、親を責めたり、ないがしろにしたり、あるいは親と争うことさえあります。これでは、形のうえではどんなに親孝行をしていたとしても、その精神は自分中心の心にもとづいているといえます。

最高道徳では、単に私的な恩恵に報いるのではなく、親、祖先を通じて、その源《みなもと》である神の大恩に感謝し、そのはたらきを助けるという心で報恩するのです。したがって、親の言動がたとえどのようなものであっても、報恩する側の精神はつねに不動であるのです。

広池千九郎は、幼少のころから孝心が厚く、人一倍親孝行に励《はげ》みました。たとえば歴史学者をめざし、生活苦と闘いながら学問研究に打ち込んでいた京都時代に、郷里の中津（大分県）から京都見物に両親を招いたり、珍しい菓子が手に入ると直《ただ》ちに両親に送ったりするなど、徹底して孝養を尽くしました。しかし、後年《こうねん》、最高道徳の実行を志《こころざ》すようになってからは、それまでの親孝行が不十分であることに気づき、だれからも親孝行であると思われ、実際に親孝行をしている人が、なおかつ、まだまだし足りないと反省する心をもつことが真の親孝行であると悟りました。

私たちは、国家伝統や精神伝統に対しても、言外の真理を悟って、精神的にも物質的にも報恩を心がける必要があります。私たちが道徳実行上の先輩の教訓を体得し、至誠かつ慈悲の心になるとき、報恩の真の方法を発見することができます。そして、直接あるいは間接に人心の開発救済に努力することによって品性が向上し、はじめて真の幸福を享受《きょうじゅ》できるようになります。

10 人心《じんしん》を開発《かいはつ》して品性《ひんせい》を完成《かんせい》す

この格言は、品性を完成するための究極的な方法を述べたものです。

ここにいう「開発」とは、人心の開発と救済の意味を含んでいます。人心の開発とは、聖人の教えによって人間の知・情・意のすべてを秩序的に啓蒙《けいもう》することです。人心の救済とは、この開発された人の人格を、聖人の示した至誠慈悲の精神によって根本的に改造することです。私たちは、人心の開発救済を実践することによって、みずからの品性を完成することができます。

モラロジーの人心開発救済の基本は、次の三点にあります。

第一は、最高道徳の内容を、自分がこれまで学んだ学問、知識などを用いてわかりやすく説明し、相手の理性に訴えて、人間生活の本末《ほんまつ》を正しく理解してもらうことです。つまり、確固《かっこ》とした道徳的判断力を身につけてもらうことです。

第二は、温かい思いやりの心と献身的な実践によって、最高道徳の慈悲の精神を相手の感情に訴え、感激をもって受けとめてもらうことです。つまり、深い道徳的心情を培《つちか》うことです。

第三は、自分がこれまで実行したことを相手の良心に訴え、最高道徳の生命をその人の精神に吹き込むことです。つまり、自分の全人格をもって相手に感化を与え、相手の道徳的態度を根本的に改めることです。

このように、人心の開発救済は、学問、知識、思想、経験などのすべてを通して、こちらの慈悲心を相手の精神に移し植えることです。真の救済は、一対一の人格的感化によってはじめて成就《じょうじゅ》します。

人心の開発救済は、温かい慈悲の精神をもって、粘り強《ねばづよ》く行なう必要があります。すなわち、回を重ねて話し合いの機会をもち、穏《おだ》やかに、温かく、行き届《いとど》いた世話をすることです。また、相手の欠点や短所を指摘するのではなく、その立場、境遇、家庭や事業の状態などを十分に配慮《はいりょ》し、相手の身になって助力することです。決して高圧的な態度でのぞむのではなく、共感をもって相手の話によく耳を傾け、その人が自分自身の問題に気づき、自主的、自発的に最高道徳を実行するように導いていくことが重要です。

私たちの心は自己中心的にはたらく傾向がありますから、たとえ最高道徳の存在を知っても、直《ただ》ちに人を育てようとする慈悲の心が起こるものではありません。そこで、はじめは同情心や親切心からでも、相手の身になって考え行動するように努めることが大切です。物を売るにも買うにも、挨拶《あいさつ》をするにも、あるいは電話をかける場合にも、つねに相手の幸せを祈り、思いやりの心を添《そ》えて行なうように心がけるのです。

開発救済に誠心誠意《せいしんせいい》努力していても、思うように成果があがらないことがあります。そのような場合でも、自分の至誠が足りないためであると自己に反省し、さらに静かに、やわらかに、親心を念頭において進むのです。また、たとえどのような困難に出会っても、それを恨《うら》んだり、憤慨《ふんがい》したりしてはならないのです。まして不平や恨みを口外《こうがい》するようなことがあっては、その行為は破壊的であって、良い結果を得ることも、自分の品性を向上させることもできません。家庭においても、職場においても、あらゆる人々を慈《いつく》しみ育てる、温かい、優しい、粘り強い、親しみのある親心となって、すべての人に接していくのです。

このように、人心開発救済の精神で身近なところから一つ一つ実行を重ねることによって、しだいに私たちの精神の中に真の慈悲心が芽生《めば》え、おのずから品性が向上していくのです。

11 他《た》を救《すく》うにあらず己《おのれ》を助《たす》くるにあることを悟《さと》る

この格言は、人心開発救済の究極の目的を述べたものです。

「己を助くる」とは、聖人の教えによって自己の人格を根本的に改造するという意味です。すなわち、神および伝統の大恩を知り、その心である慈悲心に同化し、その精神を他人の精神に移植することによって、自己の品性を完成するということです。それは真に自己を益《えき》すること、すなわち「己利《こり》を逮得《たいとく》する」ことになるのです。

人間はつねに利己心にとらわれていますから、たとえ最高道徳の話を聞いても、直《ただ》ちに慈悲の心や伝統を尊重する心が起こるものではありません。また、真に人心を救済したいという心が起こるものでもないのです。ところが、同情心や親切心からでも人心開発救済を試みるようになれば、他人を思いやる心、他人に幸せになっていただきたいと願う慈悲の心《こころ》が自然に起こってきて、自己の品性が向上し救済されるようになるのです。このように、自己の品性を向上させ、自己を真に救済することは、他の人を開発救済することに努力することと一体です。したがって、自己の品性を完成するということは、同時に開発救済の輪を広げ、国家、社会の発展と世界平和の実現に貢献《こうけん》することになります。

しかし、私たちは、ややもすると他人を助けるという目的にこだわり、押しつけがましい態度をとったり、助けたという高慢心を起こすことがあります。また、知らず知らずのうちに自他の精神の救済を忘れて、自分の属する団体の発展を主とする利己的な考えに陥《おちい》りやすいのです。その結果、他の人々と衝突《しょうとつ》し、社会の平和を乱すようなことにもなります。

最高道徳で開発救済の究極の目的を自己の品性完成に置くということは、私たち自身の不完全さを自覚し、過去における道徳的過失や負債を返済するために犠牲《ぎせい》を払わせていただくという精神で、人心の開発救済を行なうことです。したがって、その精神と行為は麗《うるわ》しく高尚《こうしょう》になり、他人に対して教えてやるとか、自分の力で救済したというような高慢な態度になることもありません。そして、たとえ直ちに相手の人が開発されなくても、いたずらに悲観することなく、低い、優しい、温かい心でいっそう開発救済に邁進《まいしん》できるようになるのです。

人心の開発救済は、自分の力で行なうというよりも、究極的には神および伝統の力によって行なわれるものです。したがって、自分自身がいまだ真に救済されていなくても、神や伝統の手足となって働かせていただくという気持ちになり、ひたすら努力するならば、やがて他の人を救済することが可能となってくるのです。すなわち「この不徳な私が他人の心を救済することは自分の力でできるものではない。ことごとく神の守護によるほかない。そのために自分はどのようになっても、できるかぎりの犠牲を払わせていただきます」という純粋な心が神に通じ、たとえ知識が豊かでなくても、口下手《くちべた》でも、相手に感動を与え、救済することができるのです。

「他を救うにあらず己を助くるにあることを悟る」とは、最高道徳を実行することが、究極において真にみずからを救い、益することになるという真理を深く自覚することです。この自覚が深まるにつれて、ますます人心開発救済の精神は高まり、他人の苦しみや悲しみを自分の苦しみや悲しみとし、無償《むしょう》の精神でその救済に身を投ずるようになります。そして自分自身が救済された分量だけ、他の人を救済することができるようになるのです。このような活動は、人間と社会に新しい創造的要素を吹き込み、進化させることですから、最高の善事となるのです。

12

広《ひろ》く開発《かいはつ》して深《ふか》くこれを救済《きゅうさい》す

この格言は、人心開発救済の目標を述べたものです。

「広く開発する」とは、多くの人々に道徳の必要性を訴え、最高道徳の内容を理解してもらい、社会の道徳化をいっそう進めていくことです。「深く救済する」とは、開発された相手の人が最高道徳についての理解を深め、それを実行することによって心を立てかえ、人心の開発救済に努力するようになるまで導くことをいいます。

今日の民主主義社会においては、一人ひとりが政治や地域社会のさまざまな活動に参加し、その考えや意見が反映されるようになっています。したがって、自己の立場を超えて国や地域社会のために真剣に考え、献身的に努力する道徳的な人を一人でも多くつくっていくことが大切です。このように広く社会の道徳的水準を高めていくことによって、よりよい民主主義社会が実現するのです。

また、現代社会には、離婚の増加による家庭の崩壊《ほうかい》、教育の荒廃《こうはい》による青少年の非行、高齢化社会がもたらす老人問題など、深刻な問題が山積《さんせき》しています。これらの問題を真に解決するためには、結局、一人ひとりの心に道徳心を培《つちか》うことが根本になります。

したがって、最高道徳を広く一般に普及《ふきゅう》させることは、現代の重要課題といえます。そのためには、時代に適合した集団教育を計画的に行ない、最高道徳を正しく理解してもらうように積極的に働きかけることが必要です。また、出版活動を通じて、あるいはテレビ、ラジオ等のマス・メディアを利用して、広く啓蒙《けいもう》活動を進めることも必要です。このようにして、最高道徳の必要性が少しでも多くの人々に理解されるようになれば、モラロジーによる開発活動は社会の道徳的向上に貢献《こうけん》することになり、その意義はきわめて大きいといえましょう。

しかし、広く開発することだけでは、人々の人格を根本的に改造することはできません。広く開発することに加えて、深く救済することが必要です。すなわち、主体的に最高道徳を実行する自助自立《じじょじりつ》の人間を育成することです。自助自立の人とは、最高道徳の価値を認め、それを人生の基準として、家庭においても職場においても、伝統報恩と人心開発救済の精神に徹《てっ》し、自己の品性の向上と社会の質的発展のため不断に努力する人です。そのような人を育成するのが、モラロジー教育の目的です。

深く救済するには、結局、一対一の人格的感化による以外に方法はありません。そこで、救済しようとする人自身が、自己の品性の完成に向かってたえず真摯《しんし》な道徳的実践を続けることが大切です。そのひたむきな姿が相手の道徳心を目覚めさせ、おのずと感化が行なわれるのです。

私たち人間は、みな不完全であり、未熟であり、弱い存在であることを自覚しなければなりません。「我《われ》必ずしも聖《ひじり》にあらず、彼《かれ》必ずしも愚《ぐ》にあらず、共にこれ凡夫《ぼんぷ》のみ」（聖徳太子「十七条憲法」）ともいわれます。私たちは、一人ひとりとの出会いを大切にし、相手の人格を尊重して、粘《ねば》りつくような思いやりの心と親切心とをもって、意を尽くし、心を尽くして開発救済に当たるのです。主義や主張の異なる人に対しても、決して自分の考えを押しつけたり、相手の立場を否定することなく、むしろ相手から学ぼうとする謙虚《けんきょ》な心で話を受けとめ、回を重ねて話し合いの機会をもつのです。そして、その人が自分自身の問題に気づき、すすんで最高道徳を実行するように助力するのです。

このように、モラロジーにもとづく開発活動は、つねに広く開発し、あわせて深く救済することを原則とします。

13

自《みず》ら運命《うんめい》の責《せ》めを負《お》うて感謝《かんしゃ》す

この格言は、どのような困難に直面しても、人生を主体的、積極的に生きていくための心の姿勢を述べたものです。

私たちは、人生を送るうえでいろいろな問題に遭遇《そうぐう》します。その問題には、無意識のうちに招いたものもあり、あるいは直接自分の責任でないものもあります。いずれにしても、私たちは時間をさかのぼって人生をやり直すことはできません。また、他の人に自分の境遇を代わってもらうこともできないのです。したがって、自分自身が問題を主体的に受けとめ、その改善に努力するほかありません。

私たちはみな、気候や風土などの自然的環境をはじめ、種々の社会的、文化的環境の影響を受けながら生活しています。また、それぞれに親、祖先をもち、肉体的にも精神的にも、遺伝や家庭環境などのさまざまな影響を受けています。さらに、生まれてから今日まで、それぞれ異なった心づかいと行ないを積み重ねてきています。このように、多くの外的および内的要因が総合的に影響し合って、一人ひとりの運命や境遇は形づくられているのです。

そこで私たちは、まず自己を成り立たせている要因を深く認識して、自己をとりまく環境の改善に努力することが大切です。それが私たちの生存と発達を保障するのです。環境を改善していくためには、結局、それに取り組む私たち一人ひとりの道徳的責任の自覚と道徳心の向上が、欠くことのできない要件になります。

また、同じような環境にあっても、人によってその受けとめ方は異なります。たとえば恵《めぐ》まれた環境にあっても、不平不満の心でむなしい人生を送っている人もいます。他方、逆境にあっても感謝の心をもって力強く生きぬき、意義ある人生を送っている人もいます。そこで、私たちが真の安心、平和、幸福を得るためには、つねにその心づかいと行ないをみずからの責任で改善していくことが根本になります。

たとえ人生の途上《とじょう》で思いがけない困難や不運に遭遇した場合でも、決して自暴自棄《じぼうじき》に陥《おちい》ることなく、それを自己の運命を立てかえる良い機会であると感謝の心で受けとめるのです。この自覚に立って状況を直視し、その究極の責任を自分自身に引き受けて、運命を開拓していくのです。

広池千九郎の人生は、ある面から見ると苦闘《くとう》の連続であったといえます。前半生を立身《りっしん》出世《しゅっせ》のための苦闘だとすれば、後半生はひたむきな人心救済のための苦闘といえます。その人生の転換となった出来事は、大正元年の大患《たいかん》です。千九郎は、そのときの心境を「日誌」に次のように記《しる》しています。

「各方面よりの厚意《こうい》深く神様に謝《しゃ》す。これにつきて思う。予《よ》、名家《めいか》の後を承《う》け、これを再興せんと欲して、奮闘《ふんとう》多年、遂《つい》に今日いささか内外の学界に名を知らる。しかし、これがために身体は遂にいかんともすべからざるに至る。これ……自《みずか》ら造るところなり。予、名を得んと欲す、ゆえに名を得たり。身を捨つ、ゆえに今まさに身を失わんとす、誰をか恨《うら》まん。自然の法則、神の摂理《せつり》、ただ感謝の外《ほか》なし」

このように、自己の運命を深く自覚し、その改善の責任を自分に負い、感謝の心をもって生きていくことが最高道徳実行の根本です。何事も神が与えてくれた恩寵的《おんちょうてき》試練《しれん》として感謝の心で受けとめるとき、おのずから英知と勇気が湧《わ》き出てきて、私たちは自己の人生と環境の改善に向かうことができるのです。その結果、ますます品性は高まり、安心、平和、幸福が実現されていきます。

14 深《ふか》く天道《てんどう》を信《しん》じて安心《あんしん》し立命《りつめい》す

この格言は、最高道徳実行者の究極的な心の支えが、道徳的因果律の確信にあることを述べたものです。

ここにいう「天道」とは、宇宙自然の法則のことであり、いいかえれば神の摂理《せつり》のことです。聖人は、この自然の法則の存在を人類に教え、最高道徳の実行が人類の発達と幸福を実現する根本であることを明らかにしました。

「天道を信じる」とは、聖人の教説と事跡を通じて神の存在を信じること、つまり天地間のあらゆる現象の背後に因果律がはたらいていることを確信することです。したがって「深く天道を信じて安心し立命す」とは、とくに道徳的因果律を確信し、いかなる場合にも最高道徳を実行すれば、おのずから安心立命の境地が得られるということです。すなわち、自我を没却して、慈悲の心となり、伝統尊重と人心の開発救済を実行することによって、真の安心が得られ、一切を天命に任《まか》せてどのような場合にも動《どう》じない境地に到達することができるのです。

私たちは、自分の心づかいと行ないが、自他の運命に究極的にどのような結果をもたらすかを、一つ一つ意識して生活しているわけではありません。そのために些細《ささい》な心づかいや行ないを軽く見過ごし、自分に不利なことや不幸が生じると、その原因をとかく他に求めがちです。

中国の古典に「積善《せきぜん》の家《いえ》には必ず余慶《よけい》あり」(『易経《えききょう》』文言伝《ぶんげん》)とあります。これは、たとえ微善《びぜん》であっても、善行を累積することが、自己の道徳的負債を返済することになり、大きな慶《よろこ》びをもたらすという因果律の存在を示したものです。つまり、どんなに軽微《けいび》な心づかいや行ないであっても、その累積の結果は必ず現われてくるということです。たとえ他人の目にふれなくても、他人に直接迷惑をかけることでなくても、軽微な心づかいや行ないの累積の結果は必ず自分に返ってくるのです。

そこで、自己の運命を改善し、安心立命の境地に至るためには、まず道徳的因果律の存在を確信することです。そして、人生の途上《とじょう》で直面するさまざまな問題は究極的には自分の責任において解決していくべきである、という自覚をもって取り組むのです。

私たちが最高道徳の実行に努力していても、容易に解決のできない問題に直面することがあります。また、周囲から強い批判を受け、それに耐えなければならないときもあります。さらに、自分一人の力ではどうすることもできない事態に遭遇《そうぐう》することもあります。そのようなとき、問題解決への勇気と耐えぬく力を与えてくれるのは、この道徳的因果律の確信です。これは、自己の道徳的な心づかいと行ないの累積は必ず報《むく》われるという信念であり、たとえ現在直《ただ》ちに報われないことがあったとしても、必ず神は見ているという神への信頼です。安心立命の境地はここから得られるのです。

さらに私たちは、このような信念にもとづいて、国家的、人類的な問題の解決のためにも道徳的努力を累積していくことが必要です。核戦争の危機や科学技術の進歩発展に伴《ともな》う環境破壊の問題、南北問題、人口問題、食糧問題などを考えるとき、自分一人だけ安心の境地を求めることはできません。世界中が道徳的に大きな問題を抱《かか》えている今日こそ、私たちは現状を憂《うれ》えるだけでなく、天道を確信し、ますます道徳の実践に邁進《まいしん》していかなければなりません。

このように、天道を深く信じ、至誠心を発揮《はっき》する人が一人でも多く育ってくることによって、個人の安心立命と人類の平和は約束されるのです。

15 現象《げんしょう》の理《り》を悟《さと》りて無《む》我《が》となる

この格言は、宇宙自然の法則に従うことが正しい生き方であることを述べたものです。「現象の理」とは、自然、社会、人間が織《お》りなすすべての現象を支配している自然の法則、つまり原因と結果の法則のことです。ゆえに「現象の理を悟る」とは、この法則が厳《げん》然《ぜん》とはたらいていることを認め、私たちの利己心の介《かい》入《にゅう》する余地がないという事実を深く認識することです。また「無我となる」とは、この認識に立って一切の私心を離れ、神の意思に従って生きることです。これが人生を全《まっと》うする唯一《ゆいいつ》の方法です。ひとたび無我の生活ができるようになれば、おのずから私たちの品性は向上し、人間関係も円満となって、幸福な人生を開くことができます。

私たち人間は、宇宙の現象の一つとして地球上に生存しているのですから、自然の法則に支配されていることは明らかです。人間は自分の意志と努力によって、ある程度まで健康を維持し、境遇を改善することはできますが、結局、自然の法則の支配から逃《のが》れることはできません。
　このように私たちは、自分の力で生きているというよりは、人間を超えた大きな力によって生かされているのです。したがって、まず宇宙自然の中の一員であることを深く自覚し、自分中心の考え方を捨てて、万物を生かし育てようとする神のはたらきに参加していくことが大切です。
　聖人は現象の理を悟り、小我《しょうが》（自分中心の利己心）を捨てて大我《たいが》（神の心）に同化し、人心の開発救済に生涯をささげました。したがって、私たちが聖人の教説と事跡を真剣に学び、無我の心となって人心の開発救済に邁進《まいしん》するとき、おのずから自然のはたらきに参入《にゅう》することになります。このように聖人に対して心から傾倒《けいとう》し、自然の法則を自覚することによって、私たちの道徳の実行はより力強いものとなり、永続性、発展性、審美性《しんびせい》を備えた幸福をもたらすことができます。
　中国の古典に、「大学の道は明徳《めいとく》を明らかにするにあり、民《たみ》を新たにするにあり、至善《しぜん》に止《とど》まるにあり」（『大学』）とあります。すなわち、学問、教育の目的は
　第一に、明徳、つまり神の英知と慈悲の精神を明らかに示すこと、
　第二に、人々の精神を神の英知と慈悲の精神によって開発し、人々の思想を新たにする

こと、

第三に、終局的に人々を至善すなわち最高道徳に帰着《きちゃく》させ、人間としての究極目的に到達させること、

であると説かれています。私たちがひとたびこのような慈悲の心になれば、安心が得られ、優《すぐ》れた英知と創造性が自然に湧《わ》き出てきて、各自がそれぞれ幸福を実現することができるというのです。

これは知徳一体《ちとくいったい》、情理円満《じょうりえんまん》の教育の理想です。従来、ともすると科学と信仰は矛盾《むじゅん》するかのように考えられ、また事実、相互に衝突《しょうとつ》することもしばしばありました。しかし、およそ聖人の教説、教訓および実行にもとづく深遠《しんえん》な信仰は、自然の法則に一致し、また科学や学問の原理とも一致します。

現象の理を悟って最高道徳を実行するに当たっては、理性と感情の調和と統一の上に立ち、科学的で高等円満な常識に裏づけられていることが重要です。すなわち、知徳一体、情理円満の心づかいと行ないが真の最高道徳の実行です。

第二部　最高道徳実行の指針

16

自《みず》ら苦労《くろう》してこれを人《ひと》に頒《わか》つ

この格言は、苦労することの真の意味と価値を示したものです。

私たちは、昨日よりも今日、今日よりも明日というように、日々に新たな進歩向上をめざし、充実した幸福な人生を求めて努力しています。

しかし、中には、自分に力がありながら十分な努力もしないで、他人や社会に依存《いぞん》し、求めてばかりいる人がいます。そのような人は、他人や社会に迷惑《めいわく》をかけてまで自分の利益をはかろうとします。これはまったく利己的な生き方です。これでは、たとえ一時的に利益を得ても、自分自身に安心がなく、周囲からも疎《うと》まれて、結局、幸福になることはできません。

また、自分のことに苦労して、その結果を自分や家族だけで享受《きょうじゅ》する人もいます。私たちは、苦労してお金や物をはじめ地位や名誉などを得れば、それによってますます自分の発展をはかり、あるいは享楽《きょうらく》を得ようとするのが普通です。確かに努力の結果は尊いものですが、それを全部自分の発展や享楽のためにだけ使う自分本位の生き方では、他人と対立し、社会の秩序を乱すことにもなりかねません。

このように努力しないで求める人も、努力して求める人も、ともにその動機が自分のことだけしか考えない利己的な心にもとづいていますから、真の安心も幸福も実現することはできません。

同じように努力していても、動機、目的、方法が異なれば、その結果も異なってきます。最高道徳では、動機、目的、方法に誠を尽くし、さらにその苦労の結果を自分だけのものとしないで、すすんで他の人々や社会に分かち、つねに全体の幸福をはかるように努めるのです。すなわち、自分の努力の結果を独占《どくせん》するのではなく、人心開発救済の精神で、それをできるかぎり他人や社会に還元《かんげん》していくのです。つまり、どのような場合にも、「苦労は自分がいたします。そして、その結果は他人に分かちますから、すべての人々を幸福にしてください」と神に誓《ちか》い、至誠慈悲の心をもって進んでいくのです。

このような生き方は、おのずから自己の品性を向上させ、心を豊かにし、真の喜びと生きがいを生み出すことになります。

17 まず精神《せいしん》を造《つく》り次《つぎ》に形式《けいしき》を造《つく》る

この格言は、物事を始める際の心構えを説いたものです。

「精神を造る」とは、最高道徳的精神を体得するということです。いいかえれば、私たちの生命、財産、自由などを正しく生かすことのできる高い品性を培《つちか》うことです。このことをなおざりにして物事を始めても、自己中心的な心がはたらいて、正しい判断を欠いたり、人間関係を損《そこ》なったりして、結局、所期の目的は達成できません。

たとえば事業を行なう場合にも、私たちの心は往々《おうおう》にして利己的にはたらき、どのようにすれば多く儲《もう》けることができるか、また事業を大きくすることができるかと考えて、そのための知識や技術だけに注目する傾向があります。そして、人よりも物や金を優先したり、信用を築くことよりも目先の利益にとらわれたり、事業の質よりも組織や建物の大小、あるいは従業員数の多少といった形式面に走りやすいのです。事業経営においては、確かに知識や技術や資産なども必要ですが、もっとも大切なことは、それらを正しく活用できる品性を養うことです。そして人間を尊重し、信用を重視することです。事業の成否《せいひ》は、ひとえにこの点にかかっているといっても過言《かごん》ではありません。

事業経営の基礎は、経営者自身が率先《そっせん》して最高道徳的精神の涵養《かんよう》に努め、慈悲心をもって従業員、仕入先および得意先の人々の前途《ぜんと》を思いやり、それらの人々を道徳的に開発救済する心で努力するところにあります。この精神にもとづいて事業に必要な形式を整《ととの》えていくのです。

このようにすれば、どのような困難な状況に遭遇《そうぐう》しても、事業の基盤を道徳に置いていますから、決して動揺《どうよう》することなく、冷静に事態を判断して適切な対応をすることができます。ゆえに最高道徳的方法は、事業の永続と繁栄をはかるうえで一見遠回りのように見えますが、かえって近道であるといえましょう。

この格言は、単に事業上のことだけでなく、私たちの生活全般についても当てはまります。家庭においても、社会においても、互いに品性の向上を第一として生活することが肝要《かんよう》です。このように、まず精神をつくることを根本とし、次に形式を整えていくならば、しだいに何事も成就《じょうじゅ》して、家庭は明るくなり、社会生活も豊かなものになります。

18

邪《じゃ》を破《やぶ》らずして誠意《せいい》を移《うつ》し植《う》う

この格言は、不正や過失に対するときの心づかいと行ないを示したものです。「邪を破らず」とは、不正や過失を見聞《みき》きしたとき、非難や攻撃《こうげき》を加えてそれを性急に正そうとする態度をとらない、ということです。「誠意を移し植う」とは、人を育てようとする深い思いやりの心を相手の理性や感情に注《そそ》ぎ、その人がおのずから自分の非《ひ》に気づいて改めるようになるまで導くことを意味しています。

私たちは他人の過失、不正を見れば、直《ただ》ちに忠告したり、非難、攻撃してこれを正そうとしがちです。しかし現実には、過失や不正を指摘することが、かえって相手を傷つけ、反省の芽を摘《つ》んでしまうことも少なくありません。たとえば誤って花瓶《かびん》を割ってしまったというような小さな過失の場合でも、その場の状況をよく見て、その人の気持ちを察して対応することが大切です。

まして個人の人格や運命にかかわるような重要な問題の場合には、さらに深い配慮《はいりょ》が必要です。人間のあらゆる行為は、遺伝や環境の影響をはじめ、日々の心づかいや行ないの累積の表われということができます。したがって、それをひとこと、ふたことの助言や、非難、攻撃によって正すことができると考えるのは早計《そうけい》です。他人の欠点や過《あやま》ちを正そうとする心には、往々《おうおう》にして高慢心や差別する心が潜《ひそ》んでいるものです。真心のある人は、過ちをおかしやすいという人間の弱さに思いを致し、共感性をもってその人の立場、境遇、家庭や事業の状態などを理解し、温かい思いやりの精神で粘《ねば》り強《づよ》く導いていきます。そして、その過程で本人の自覚が深まるのを待つのです。

社会を改善する場合も同様です。現実の社会に生じるいろいろな矛盾《むじゅん》に対して、ただ非難、攻撃するだけでは、かえって混乱を招くばかりです。社会の改善は、多くの人々が協力し、たゆみなく建設的な努力を積み重ねていくことによって実現されるのです。

最高道徳では、他人の過失や不正に対しても、社会の矛盾に対しても、相手の立場や社会全体の立場に立って、すべての人を生かし育てていくという慈悲の心で対処《たいしょ》するのです。「邪を破らずして誠意を移し植う」という心づかいと行ないは、一見消極的に見えますが、これこそ自他の品性を向上させ、温かい人間関係を築き、よりよい社会を建設する原動力となるのです。

19

率《そっ》先《せん》善《ぜん》を認《みと》め勇《ゆう》を鼓《こ》してこれを貫《つらぬ》く

この格言は、道徳の実行には勇気が必要であることを示しています。

一般に道徳といえば、自分一人だけが行なっては損だとか、他人のことを考えていては生存競争《せいぞんきようそう》に負けてしまうとか、今は忙しいから暇《ひま》ができてから学ぼうなどと考え、敬遠《けいえん》しがちです。まして、他人の長所を認めるとか、他人の善行《ぜんこう》を見いだすとか、率先《そっせん》して道徳を行なおうとする人は少ないのです。しかし、どのような状況にあっても、道徳の価値を認め、自主的に道徳を実行する人もいます。そのような人こそ真に勇気のある人といえましょう。

昔から「人心《じんしん》これ危《あや》うく、道心《どうしん》これ微《かす》かなり」（『尚書《しょうしょ》』大禹謨《だいうぼ》篇）といわれているように、人間の心は利己的にはたらきやすく、すすんで思いやりの心を起こして、道徳を実行することはきわめて難しいのです。そのために私たちは、知らず知らずのうちに他人の欠点や短所を暴《あば》いたり、悪口《わるぐち》を言ったり、あるいは無神経に人の心を傷つけるようなことがあります。その結果、人間関係を悪くして、互いに悩み、苦しんでいるのです。

道徳心をはたらかせるためには、どうしても勇気が必要です。私たちが勇気をもって道徳を実行するようになると、人と接する場合にも、つねに相手の長所や能力などの良い面を積極的に見いだせるようになります。そして、発見した良い面を引き出し、さらにそれを生かし伸ばそうという心がはたらきます。この相手を思いやり育てる心、すなわち道徳心こそ、自分と他人との親密な人間関係を築く根本です。

さらにモラロジーでは、自然の法則、すなわち神の心に従って生きることにより、真の勇気を得ることができると教えています。いいかえれば、私たちは神の慈悲心に触発《しょくはつ》され、感化されて、真の勇気が湧《わ》いてくるのです。したがって、私たちは、どのような場合にも、神への信頼にもとづく勇気と希望をもち、生涯にわたって最高道徳を実行していくことが大切です。

ことに、物質本位に流され、人間を真に尊重する精神が希薄《きはく》になっている今日のような社会にこそ、率先して善を認め、勇気をもって道徳の実行を貫いていく人が求められているのです。

20

秩序《ちつじょ》を確守《かくしゅ》して自由《じゆう》を尊重《そんちょう》す

この格言は、社会生活における秩序と自由の関係を述べたものです。

今日の民主主義社会において、私たちはいろいろな自由を享受《きょうじゅ》しています。憲法のうえでも、だれからも拘束《こうそく》を受けることのない権利として、言論、思想、信教、職業の選択などの自由が保障されています。しかし、これらの自由は憲法で保障されているからといって、濫用《らんよう》してもよいということではありません。

たとえば、言論の自由があるからといって、社会の秩序を破壊したり、あるいは周囲の人々を混乱に陥《おとしい》れるような言論が無制限に許されてよいはずはありません。自由には、必ず責任が伴《ともな》います。責任のない自由は、放縦《ほうじゅう》ということであって、自分さえよければよいという利己心の表われといえます。

どのような社会や集団も、その成員の安定した生活を保障し、幸福を増大させるために、秩序を必要とします。この秩序を維持するために、法律や規則をはじめ、社会慣習や公衆道徳などが存在しています。
たとえば、どの企業にも社是《しゃぜ》、社訓《しゃくん》とか、経営の基本方針、あるいは就業規則などがあります。そこに所属する人々がそれに従い、それを守ることによって、企業という集団の秩序は維持されています。また全員が組織人として、それぞれに与えられた任務、役割を果たすことによって、全体の秩序と調和が保たれています。このようにして各人の自由はいっそう尊重されることになるのです。

ところが、私たちは、自由と秩序が互いに対立するものと見なし、秩序を守ることが自由を制限するものと考えがちです。しかし、秩序を守ることなしに、真の自由は存在しません。

モラロジーでは、私たちが宇宙の一員として、万物を生成《せいせい》化育《かいく》する神のはたらきに参加することによって、より大きな自由が得られると教えています。すなわち、自我を没却し、神の慈悲心にもとづいて、家庭や職場などでその秩序を確立するために努力することにより、真に心の自由を得ることができるのです。

このように最高道徳的な努力を累積すれば、品性が高まり、信頼も得られ、おのずから自由の分量が増加して、喜びに満ちた人生を送ることができます。

21

慈《じ》悲《ひ》法《ほう》を説《と》き知《ち》と情《じょう》を用《もち》いず

この格言は、人に道を説く場合の心得《こころえ》を示したものです。

「法」とは、仏教用語としては真理、道理、正義などを意味しますが、ここでは宇宙自然の法則である最高道徳をさしています。この格言は、最高道徳を他人に説く場合には、ただ知的、感情的に説くのではなく、相手を開発し、救済したいという慈悲の心から行なわなければならないことを教えています。

『論語』に「道に聴《き》いて塗《みち》に説くは、徳をこれ棄《す》つるなり」（陽貨《ようか》篇）とあります。これは、道で人からよい話を聞いて、それをすぐほかの人に説明するのは、自分の徳を捨てているようなものだ、という意味です。つまり、よいことを聞いても、心にとどめてそれを実行しなかったならば、自分の身につかないということです。

私たちは、道徳や信仰に関するよい話を聞くと、すぐ自分が実行したかのように他人に説いて聞かせようとしがちです。しかし、自分が実行しないことを他人にいくら説いても、それは徒労《とろう》に終わります。ただ知的にその原理を知るとか、他人に説明するとかというのでなく、これを聞くと同時に、たとえわずかでもみずから実行することが大切です。

《実行《じっこう》を主《しゅ》として道聴塗説《どうちょうとせつ》せず》

単に自分の知識を示したいとか、先輩や同僚あるいは聴講者《ちょうこうしゃ》に気に入られたい、ほめられたいなどというような心づかいで話をすることは、道徳的に見れば効果が乏《とぼ》しいといえます。また、個人的に相談を受けた場合でも、相手の感情に引き込まれていたずらに同情したり、相手の行為が自分の感情や利害に反するためにこれを諭《さと》すというような心づかいで助言や指導をすることは、同様に良い結果をもたらしません。なぜなら、そのような講話や指導は知的、感情的なものにすぎず、その動機、目的が利己心にもとづいているからです。したがって、その話は先方に徹底せず、道徳の必要性を正しく理解してもらうことも、すすんで実行してもらうこともできません。

最高道徳では、まず自分自身が他人の幸福を願う慈悲心を育て、品性の向上に努力するのです。このような純粋な精神で相手の心を救済しようとするところに、最高道徳の生命があります。そして、最高道徳を実行し慈悲心が深まった分量だけ、相手の人格に感化を与え、開発救済することができるのです。

22

全《まった》く物欲《ぶつよく》を離《はな》れさらに我慢《がまん》なし

この格言は、物質的および精神的欲望を克服《こくふく》することの重要性を述べたものです。

ここにいう「物欲」とは、いわゆる欲望のことです。私たちは、自己を保存し発達させようとする生理的、社会的、精神的欲求をもっています。この欲求そのものは善でも悪でもありません。しかし、この欲求が生存、発達に必要な程度を超えて自己中心的にはたらくとき、それを欲望といいます。

私たちが病気をするのも、欲望がその原因となっている場合があります。たとえば生理的欲求の一つである食欲を考えてみても、これが過度にはたらいて暴飲暴食《ぼういんぼうしょく》をすると、健康を害する結果となります。また最近は、心身症や神経症などの心の病気が多くなっていいます。これらはいわゆるストレス（精神的抑圧《よくあつ》）が主要な原因で、我慢や強情《ごうじょう》、負《ま》け惜《お》しみなどの心が強いほどストレス状態に陥《おちい》りやすいのです。

物質的欲望は一般にもよいことと考えられていませんが、忍耐、我慢、負け惜しみなどの精神的欲望は容認《ようにん》される傾向があります。ことに我慢や忍耐は、「あの人は我慢強い人だ、忍耐強い人だ」といわれるように、道徳的によいことと考えられています。しかしその場合、心の中に潜《ひそ》む利己心は問題にされていないのです。欲望は、自己中心的にはたらく利己心の表われですから、欲望の強い人は物事を公平に判断できず、相手の立場を考えることも、相手の心を理解することもできないのです。これでは、円滑《えんかつ》な人間関係を築くための思いやりの心や反省の心は生まれてきません。その結果、自他の幸福を実現できず、社会に対立と混乱を引き起こすことにもなります。

現代は欲望が解放された時代であり、物質主義、享楽《きょうらく》主義をはじめ、その他さまざまな主義が蔓延《まんえん》しています。その中で私たちは、人生の正しい基準を見失い、欲望の充足《じゅうそく》を当然のことと考えて生活しています。しかし、私たちが心身を健全に保ち、一人ひとりの人間性が真に尊重される豊かな社会をつくりあげていくためには、欲望を克服して、生理的にも心理的にも自然の法則に適《かな》った生き方をすることが大切です。私たちは、日々の生活の中で最高道徳を実行して、他人を愛する心、感謝する心、反省する心の高揚《こうよう》に努めなければならないのです。

23

真理《しんり》と人格《じんかく》と調和《ちょうわ》して併《あわ》せ尊《たっと》ぶ

この格言は、品性向上のための基本的態度を示したものです。

ここにいう「真理」とは、自然の法則のことで、人間の正しい知識および道徳の源泉です。それは、神の実質である正義と慈悲を意味しています。「人格」とは、一般に、知的、情緒的《じょうちょてき》、道徳的能力の総体をいいますが、ここでは、この真理を体現した聖人および高徳な人々の人格をさしています。私たちが最高道徳を学び品性を向上させていくためには、この真理と人格をともに尊重していかなければなりません。

ところが今日の教育は知育に偏《かたよ》り、徳育は軽視されがちです。また、私たちが道徳を学ぶ場合にも、理論と実践のどちらか一方に偏ることが多いのです。教育の理想は、知徳一体《ちとくいったい》、情理円満《じょうりえんまん》の人格を形成することにあります。そこで、品性を向上させるためには、真理を知的に理解するとともに、必ず偉大な人格の感化を必要とするのです。

私たちが道徳実行の模範《もはん》とするソクラテス、イエス、釈迦《しゃか》、孔子などの諸聖人の人格に共通する主な特質としては、次の五つがあります。

㈠　聖人は神を認め、神の心である慈悲を体得しました。

㈡　聖人は自己の利害をまったく離れて、人心の開発救済に身命《しんめい》をささげました。

㈢　聖人は人類の平和を目的として、その実現に努力しました。

㈣　聖人は人生を深く探究し、人類に究極の生き方を示しました。

㈤　聖人は知徳一体を説き、正しい知識を尊重しました。

このように、聖人といわれる人々は、自然の法則である真理を体得して、私たちの精神的、物質的生活に対して一定の標準を示し、人類に安心、平和、幸福実現の原理を明らかにしたのです。

聖人の事跡には、いずれも私たちの魂《たましい》を覚醒《かくせい》させ、真実の生き方へと導く偉大な感化力があります。真理を体得し実現した聖人や高徳な人々の人格の力が、私たちに感激を与え、道徳や信仰の原動力となるのです。

最高道徳では、真理を尊ぶと同時に、精神伝統の人格を尊び、理解と感激と強い意志をもって、慈悲心を涵養《かんよう》し発揮《はっき》していくのです。

24 徳《とく》を尚《たっと》ぶこと学《がく》知《ち》金《きん》権《けん》より大《だい》なり

この格言は、人生における真の価値とは何かを示したものです。

一般に徳というのは、二つの意味に用いられています。一つは、「酸《す》いは梅の徳、甘いは砂糖の徳」といわれるように、そのものの固有の性質をさし、もう一つは、「徳は得《とく》なり」といわれるように、修練を重ねることによって後天的に身につけたものをさします。

ここにいう「徳」とは、道徳的な心づかいと行ないを累積することによって形成される卓越《たくえつ》した道徳的能力、つまり品性のことです。品性は、人間の他の諸力、すなわち学力、知力、金力、権力などの中心にあって、それらを生かす根源的な力です。ゆえに最高道徳では、人間の品性にもっとも高い価値を置くのです。

現代は価値多様化の時代であり、人々は正しい価値基準を見失っています。私たちは、ややもすると品性の大切さを忘れ、学力、知力、金力、権力などを獲得しさえすれば、幸福になれるものと誤解しています。そして、そのような力を獲得するために、政治上、経済上はもちろん、あらゆる方面で激しい競争を行なっています。

確かに学力、知力、金力、権力などは人間生活のうえで必要な要素ではあります。しかし、これらの諸力を正しく生かす品性が伴《ともな》わなければ、一時的な成功は得られても、永続的な幸福を生み出すことはできません。

たとえば、一生懸命に苦労、努力をして財産を築いても、あるいは社会的な地位や名誉を得たとしても、後半生において病気をしたり、手塩《てしお》にかけて育てた子供に背《そむ》かれたり、周囲の人々から疎《うと》まれるようなことになれば、なんのために苦労、努力をしてきたのかわかりません。これでは、かけがえのない人生が無意味なものになってしまいます。

私たちは、とかく目に見えるものは大切にしますが、目に見えないものはおろそかにしがちです。木にたとえるならば、幹とか枝葉は目に見えますが、根は見えません。木はそれを支えるだけの根をしっかりと大地に張り、養分や水分をたえず幹や枝葉に送り続けています。したがって、根が枯れれば、その木の寿命《じゅみょう》は終わるのです。このように、目に見えない品性、すなわち徳こそ人間生活を支える根本です。

私たちが自分の人生を意義あるものにするためには、日常生活の中でさまざまな力を蓄《たくわ》えるとともに、根本である品性をたえず向上させることが肝要《かんよう》です。

25
動機《どうき》と目的《もくてき》と方法《ほうほう》と誠《まこと》を悉《つ》くす

この格言は、道徳実行の結果を良好にするための条件を述べたものです。

ここにいう「動機」とは、道徳を実行する際の心づかいのことです。最高道徳では、実行の動機を、国家や社会をはじめ多くの先人先輩に負っている道徳的負債を返済し、また、知らず知らずのうちにおかしてきた過失を償《つぐな》うということに置いています。

「目的」とは、道徳実行の究極的な目標のことで、最高道徳では、これを自己の品性の完成に置いています。この目的は、動機とともに私たちの行為の善悪を決定する標準となります。行為の目的が正しくなければ、形のうえでどんなによいことをしても、その行為は価値の低いものといえます。

モラロジーでは、道徳実行の動機、目的を重視するとともに、さらに「方法」にも誠を尽くすことを教えています。すなわち、時代、時機、場所、場合を十分に考慮《こうりょ》し、つねに相手の立場を思いやり、低い、優しい、謙虚《けんきょ》な心で接し、相手の道徳心を引き出していくのが最高道徳的な方法です。

私たちは、日常生活の場で、動機と目的と方法のすべてに誠を尽くしていくことが大切です。たとえば、家庭上あるいは事業上の問題で相談を受けたとします。その場合、結局、問題を解決するのは当人自身です。したがって、本人がみずから反省し、道徳心を高め、自力で問題を解決できるように導いていくことが根本です。本人の品性が高まっていけば、おのずから問題は解決していきます。

しかし同時に、こちら側の動機、目的、方法が一貫して道徳的であることが必要です。すなわち、自己の道徳的負債を返済し過失を償うという動機で、品性の完成を目的として、方法にも誠を尽くすのです。そうすれば、自分の意に相手を従わせようとか、支配しようという心は起こらず、良い結果を得ることができます。万一、結果が良くなかった場合でも、決して相手を責めることなく、むしろ自分の誠意の足りなかったことを反省して、ますますその人の幸せを祈り、至誠をもって努力するのです。

このように、動機、目的、さらに方法にも誠を尽くしていけば、自分と相手だけではなく、第三者にも必ず良い結果をもたらすことができるのです。

26 大《だい》小《しょう》の事《じ》変《へん》みな箴《しん》戒《かい》となす

この格言は、災《わざわ》いを未然に防ぐための心構えを述べたものです。
「事変」とは平常と異なった出来事のことで、「箴戒」とは戒《いまし》めということです。つまり、この格言は、日常生活の中で平常と異なった出来事に遭遇《そうぐう》した場合、事の大小を問わず、それを反省の機会とし、大いに注意して災いを未然に防ぐように努力すべきことを教えています。

中国の古典に、「臣《しん》、その君《きみ》を弑《しい》し、子、その父を弑するは一朝一夕《いっちょういっせき》の故《ゆえ》にあらず。その由《よ》りて来たるもの漸《ようや》くなり」（『易経《えききょう》』文言伝《ぶんげんでん》）とあります。臣下《しんか》が君主を殺したり、子供が親を殺すといった事件は、決して突然に生じるものではなく、日ごろの小さな不満や意見の対立などが蓄積されて生じるものであるというのです。

今日、社会問題となっている青少年の非行を考えてみても、その原因には、親の過保護や過干渉、親子の対話の欠如《けつじょ》、さらには社会環境の悪化などが考えられます。しかし、その原因が何であっても、非行は一朝一夕に起こるものではなく、その前兆《ぜんちょう》として子供の言動にいろいろな変化があるはずです。たとえば、反抗的な態度が多くなるとか、妙にふさぎこむとか、服装が派手になるなど、なんらかの兆候《ちょうこう》が現われます。親は、そのような変化を見落とすことなく、その意味をよく考え、子供に対する心づかいや教育のあり方を反省することです。そして、慈愛の心と厳しさを兼ね備えた態度を一貫することが大切です。そのうえで正しく子供を導いていけば、非行は未然に防ぐことができます。

このことは健康についてもいえます。私たちは、往々《おうおう》にして自分自身の健康を過信し、無理をしたり、ちょっとした体の変調をないがしろにして、病気になってしまうことがあります。

また、仕事のうえで誤りをおかし、上司や取引先などから注意を受けたりすることがあります。その場合でも、小さなこととして軽視することなく、それを反省の機会として心の姿勢を正していくことが必要です。

大事の前には必ず小事があります。したがって、どのようなことでも平常と変わったことが起こったならば、それを一つ一つ戒めとして、災いを未然に防ぐように心がけていくことが肝要《かんよう》です。

27

断《た》えず向上《こうじょう》して終身努力《しゅうしんどりょく》す

この格言は、生涯にわたって道徳的努力を続けていくことの大切さを述べたものです。

私たちは、何か志《こころざし》を抱《いだ》き、それに向かって一歩踏み出すことはあっても、途中でその志を放棄《ほうき》し、努力をやめてしまうことがあります。このようなことでは、何事も中途半端《ちゅうとはんぱ》に終わり、後悔だけが残ることになります。中国の古典にも、「初め有《あ》らざる靡《な》し、克《よ》く終わり有ること鮮《すくな》し」(『詩経《しきょう》』大雅篇《たいがへん》)とあります。これは、初めはだれでも努力するが、最後まで成《な》し遂《と》げる人は少ない、という意味です。

また、前半生は道徳的に努力して、社会的な地位、名誉、財産などを得ても、後半生に至ると、その精神が緩《ゆる》んで、節制《せっせい》を欠き、勝手気ままな言動をとり、人に対して無慈悲になってしまう人が少なくありません。その結果、みずからの健康を害し、家族や周囲の人々からも疎《うと》まれ、結局、孤独で寂《さび》しい生涯を終えることになるのです。これでは、どんなに地位、名誉、財産を得ても、人生を全《まっと》うしたとはいえません。

現代は生涯学習の時代です。科学技術は急速に進歩し、知識や情報は爆発的に増大しています。この社会を生きぬいていくためには、生涯にわたって新しい知識や技術を学んでいく必要があります。

モラロジーでは、この生涯学習の根本が品性の完成をめざす絶え間ない道徳的努力にあることを教えています。すなわち、永続性、発展性、審美性《しんびせい》を備えた真の幸福を実現するためには、学力、知力、金力、権力などの力も必要ですが、さらにそれらを正しく生かす高い品性を養うことが不可欠です。その高い品性は、最高道徳的な心づかいと行ないを積み重ねていくことによって形づくられるのです。

また、私たちは、社会的な地位が高まるにつれて、それにふさわしい分量の道徳を行なうことが必要です。そうしなければ、人々の信頼に支えられて職務を果たし、事業を成し遂げることはできません。社会的責任が増大するにつれて、良質の道徳を多量に行ない、ますます品性を向上させていくことによって、はじめて実り多い人生が保証されるのです。

このように、品性の完成をめざし、終生、道徳的努力を続けていけば、種々の困難を乗り越えて、有終《ゆうしゅう》の美《び》を飾ることができます。

28

一念一行仁恕を本となす

（一《いち》念《ねん》一《いっ》行《こう》仁《じん》恕《じょ》を本《もと》となす）

この格言は、思いやりの心がすべての言動の基本であることを説いたものです。

ここにいう「仁恕」とは、神の慈悲心にもとづいて、すべてのものを生かし育てようとする深い思いやりの心のことです。

私たちはだれでも同情心や親切心をもっています。たとえば、悲しんでいる人を見れば胸がしめつけられ、なんとか慰《なぐさ》めてあげたいという心がはたらきます。また、困っている人に出会えば、何か自分にできることをしてあげたいという気持ちが湧《わ》きます。このような心は、すべて慈悲心の糸口です。したがって、身近な人々に対する同情や親切でも、つねにそのような心づかいを積み重ね、最高道徳によって純化していけば、おのずから真の思いやりの心である慈悲心に近づいていくことができます。

私たちは、日々の生活の中で、身近なところから思いやりの心をはぐくんでいくことが大切です。まず自分を生み育ててくれた親に対しては、今日までの苦労を思い、つねに感謝、報恩の心で安心と満足をしてもらえるように努力することです。また、職場の上司や教育上の師、その他就職や結婚のお世話をしてくださった人々の苦労を思いやり、その恩に報《むく》いていくのです。さらに自分の友人、職場の同僚など、周囲の人々に対しても、低い、優しい、温かい心で接するのです。たとえば、挨拶《あいさつ》をするにも会話をするにも、一つ一つの言動に相手の幸せを祈る心を込めるのです。とくに高齢者や病人あるいは体の不自由な人に対しては、それらの人々の置かれている立場や状況をよく理解して、かゆいところに手が届くような思いやりの心で接していくのです。

そのほか日常生活において、相手をわずらわせるような場合、つねに相手の立場になって考え、行動するのです。たとえば遠方の親戚《しんせき》や知人などを訪《たず》ねるときは、到着の日時、人数、食事の要・不要などを連絡するのが思いやりのある態度です。

このように、一つの思いにも、一つの行ないにも、すべてに思いやりの心をはたらかせるように努めるのです。この心のない人が、たとえ形のうえでどのような善事を行なっても、それは自分中心の心にもとづくものですから、真の徳はできません。私たちは思いやりの心を基本とする言動を一つ一つ積み重ねていくことによって、自己の品性を向上させ、運命を開くことができるのです。

29

衆《しゅう》心《しん》合《がっ》せざれば形《かたち》を造《つく》らず

この格言は、多数の人々と協力して事業や活動を行なう場合の基準を示したものです。最高道徳においては、神の意思を標準としてすべてのことに対処《たいしょ》し、決定し、実施するのです。神の意思はすべての人々の安心と幸福の実現にあります。したがって、私たちは自分と相手方と第三者の立場を考え、三方《さんぽう》がともに満足を得、幸福となることを基準として行動するのです。

たとえば、従業員の協力を必要とする事業を起こす場合、その事業は、もっとも多くの人々の喜ぶことであり、かつ大多数の賛成が得られるものであることを原則とします。ところが私たちは、このような場合、従業員の意見を十分に聴《き》くことなく、あるいは、かなりの人々の反対があるにもかかわらず、独断的《どくだんてき》に行なってしまうことがあります。どんなによいことでも、自分の理想だけにとらわれて行なう場合には、従業員の中に不満が生じて、全体が精神的に一体となって行動することができませんから、結局、事業に失敗し、すべての人の幸福が実現できないのです。もちろん、どのようなよいことでも反対者はありますから、すべての人々の同意を得られないままに事業を始めることもありましょう。しかし、その場合でも長期的に見て、必ず大多数の従業員や社会の人々の喜ぶことが十分予想できることに限り行なうのです。

今日の民主主義社会においては、個人の自由と尊厳が守られ、多くの人々の意思を反映させるために多数決の原理がとられています。しかし、自分さえよければよいという精神で行動したり、他人の言動に付和雷同《ふわらいどう》するのでは、民主主義は成り立ちません。一人ひとりが自己の言動に責任をもち、他人を尊重し、相互に協力して行動することが大切です。また、民主主義を真に生かすものは道徳です。ことに指導的な立場にある人は、事を決定する場合、つねにすべての人々の安心と幸福をはかるという神の意思を基準とすべきです。ときには重大な事項など一部の人だけで決定しなければならない場合もありますが、それは必ず多数の人が喜び、満足を得るということがわかっていることに限るのです。

したがって、最高道徳では、国家事業でも社会事業でも営利事業でも、衆心が一致しない事業を起《お》こし、人を苦しめてまで外観を飾り、組織を拡大し、事業を成就《じょうじゅ》しようとすることはしないのです。《人《ひと》を苦《くる》しめて堅美《けんび》完全《かんぜん》を期《き》せず》

30 持《じ》久《きゅう》微《び》善《ぜん》を積《つ》んで撓《たゆ》まず

この格言は、小さな善行《ぜんこう》を積み重ねていくことの大切さを説いたものです。

私たちは日常生活の中で、人の世話をしたり、人に親切にすることがあります。しかし、その善行は、一時的で長続きしないことが多く、私たちの品性を向上させるうえで力が弱いのです。たとえ小さな善行でも、持続して行なうことによって大きな成果をもたらします。道徳実行の生命は、このように不断に続けるところにあります。

中国の古典に「善《ぜん》積まざれば、もって名を成すに足らず。悪《あく》積まざれば、もって身を滅《ほろ》ぼすに足らず」（『易経《えききょう》』繋辞《けいじ》下伝）とあります。これは、大善事も大悪事も一朝一夕《いっちょういっせき》にできるものではなく、長い年月にわたる小さな善事や悪事が積もり積もった結果であることを示しています。

すべて偉大な学問上の業績や科学技術上の発明、発見、あるいは事業上の成功なども、日々の絶え間ない努力の結果として生まれるのです。

また、世間を騒がせるような大きな事件や犯罪も、その経過を見ますと、小さな心づかいと行ないが積み重なった結果であることがわかります。たとえば汚職《おしょく》事件や使い込み事件などを見ても、最初は出来心で行なったものが、しだいにエスカレートして、それがなんらかの機会に表面化するのです。

私たちは、喜びや悲しみ、感謝や不平不満などの目に見えない心のはたらき、あるいは人に挨拶《あいさつ》をしたり、タバコの吸いがらを投げ捨てたりするなどの小さな行為については、比較的無頓着《むとんちゃく》です。しかし、このような軽微《けいび》な心づかいや行ないが、時々刻々に私たちの運命を形づくっているのです。したがって私たちは、日々の小さな心づかいと行ないにも十分注意し、少しでも善行を積むように努力することが大切です。

ことに青年期は、人生経験が浅いため、道徳実行の価値を十分に理解することができず、小さな善事を積み重ねることを軽視しがちです。しかし、日々の心づかいと行ないの累積が、やがて習慣となり、それが人生を大きく左右するのです。

私たちは、日々心を新たにし、たゆまず微善《びぜん》を積んでいけば、好運命を開くことができ、さらには明るい社会を築くことができるのです。

31 温《おん》情《じょう》春《はる》のごとく善《ぜん》人《にん》敬《うやま》い慕《した》う

この格言は、最高道徳を実行する人の理想的な姿を示したものです。

私たちはだれでも、温かみのある人、心の広やかな人に好感をもちます。自分自身もまた、好感をもたれる人間になりたいと思っています。ところが実際には、こちらが一生懸命に努力しても、人によって受けとり方はさまざまです。人間は一人ひとりその性格が違いますから、当然、言葉づかいや動作、態度も異なります。したがって、たとえ道徳を実行していても、ときには悪口《わるぐち》を言われたり、あざけられたりすることがあり、だれからも同じように好感をもたれるとはかぎりません。

しかし、人からどのように思われても、自分自身はつねに、低い、優しい、温かい、思いやりのある心を失うことなく、相手の幸福を願い、楽しみをもって人心の開発救済に努力することが大切です。《心機《しんき》旺盛《おうせい》にして世《よ》を済《すく》うを楽《たの》しみとなす》

また最高道徳では、調和のとれた円満な人間になることを目標としています。たとえば、言わなくてもよいことまで話すとか、必要なことを話さないとか、自分の意見に執拗《しつよう》にこだわるとか、優柔不断《ゆうじゅうふだん》ではっきりしないとか、ゆっくりしすぎるとか、せっかちであるとかして、人に迷惑《めいわく》をかけることのないように注意するのです。≪喋《ちょう》と黙《もく》 頑《がん》と柔《じゅう》 緩《かん》と急《きゅう》と調和《ちょうわ》す≫

このような調和のとれた人間になるという目標をもち、最高道徳を実行していけば、おのずからその顔つきは柔和《にゅうわ》となり、喜びに満ちたものになります。そして、奥床《おくゆか》しい物腰《ものごし》の中にも堂々たる威厳《いげん》をもち、言葉づかいも行ないも慎重《しんちょう》で、親切を極めたものになります。さらにその精神は、あたかも万物を生み育てる春の陽《ひ》のように、つねに温かく和《やわ》らかなものになり、親しみやすい気分がその人のまわりに漂《ただよ》うようになります。≪喜色満面《きしょくまんめん》威《い》ありて猛《たけ》からず≫

このようになれば、目上の人からは愛され、同僚や後輩から尊敬されるばかりでなく、仕事上の関係者からも信頼され慕《した》われるようになります。そして、時を経《へ》るに従い、周囲の人々にますます感化を及ぼし、その結果、自然に思いやりのある人々に囲まれて、喜びと感謝に満ちた人生に恵《めぐ》まれるようになります。

32 公平《こうへい》を尊《たっと》ぶも円満《えんまん》を失《うしな》わず

この格言は、人を育て、物事を判断し処理する際の原則を述べたものです。

ここにいう「公平を尊ぶ」とは、正義の精神にもとづいて、だれをも偏愛《へんあい》せず、何物をも偏重《へんちょう》しないということです。いいかえれば、すべての人の権利と人格を尊重し、その天性を発揮《はっき》させるとともに、すべての物を適切に活用していくことです。

私たちは日常生活において、たえず物事の正・不正を判断しなければならない場面に出会います。その際、ややもすると自分の好《す》き嫌《きら》いの感情や、利益になるかならないかという打算的な考えにもとづいて判断しがちです。

また私たちは、他人の不正を目にし、場合によってはそれを言葉や行動によって正さなければならないときがあります。そのようなとき、自分の利害や感情にとらわれ、偏《かたよ》った判断にもとづいて不正を正そうとするために、かえって円満に事を処理できないことが多いのです。

最高道徳では、必ず公平の原則を守り、相手の心を傷つけないように配慮《はいりょ》するのです。そして、相手の欠点を補おうとする思いやりの心をもって注意し、その人がみずから不正を正し成長していくように、粘《ねば》り強《づよ》く気長に接していくことが大切です。

大勢の人の前で、正義を楯《たて》にして他人の不正を指摘し、それがいかにも善いことであるかのように振《ふ》る舞《ま》っている人をよく見受けます。これは自分だけが正しいという高慢心の表われであって、結局、相手を傷つけ、心を閉じさせてしまうことになります。そのため、かえって自分自身も傷つくことになり、周囲の人々に不快や不安を与えることにもなるのです。

また会社や各種の団体の中で、派閥《はばつ》ができたり、気の合った人だけの特定の集団がつくられるケースがしばしばあります。これは人間の利己心にもとづいて形成されたものですから、やがて他の派閥や集団と摩擦《まさつ》を生じ、争いを引き起こす結果を招くのです。なぜなら、自分たちだけが正しいという独善《どくぜん》に陥《おちい》って、物事の公正な判断ができなくなっているからです。

最高道徳では、どのような場合でも公平を尊び、他と調和して、円満を期して進むように努めるのです。

33 調和《ちょうわ》を主《しゅ》とするも妥協《だきょう》を辞《じ》せず

この格言は、物事を平和的、建設的に進めるための心得《こころえ》を述べたものです。

ここにいう「調和」とは、たとえば夫婦間、友人間、上司と部下の間などで、相互に十分な意思の疎通《そつう》があり、慈悲の心にもとづいて精神的にしっかりと和合していることです。「妥協」とは、多少の不都合や不利益があっても、互いに折れ合って、物事を平和的にまとめていくことです。

何事においても、調和のとれた状態が望ましいといえます。しかし、このような人間関係を築き、それを保っていくことは容易ではありません。ともすると私たちは、調和を求めることを忘れ、相手の立場を考えないで自己主張したり、物事を打算的に考えたり、むやみに他人の意見に迎合《げいごう》したりするからです。これらはみな、利己心の表われといえましょう。そこで私たちは、利己心の克服《こくふく》に努め、他人の意見のままに無責任な言動をとることなく、一人ひとりの個性を尊重し生かしながら、よりよい人間関係を築いていくことが大切です。『論語』に「和《わ》して同《どう》ぜず」(子路篇《しろ》)とあるように、どのような場合でも、私たちは調和を求めて付和雷同《ふわらいどう》することなく、主体的、建設的に努力していかなければなりません。

しかし、ときとして妥協しなければならない場合もあります。たとえば職場の上司や同僚と意見が食い違ったときなど、十分な話し合いをもつのは当然ですが、それでもなお意見の一致を見なかったならば、長期的、全体的な見地に立って妥協することも必要といえましょう。

最高道徳では、どのような場合でも争いを避《さ》け、物事を平和的に進めることを原則とします。したがって、ときによっては多少の不都合があっても、すすんで妥協することもあります。この場合の妥協は、決して付和雷同ではなく、あくまでも建設的に事を運ぶための方法であると考えるのです。そして相手を尊重する精神を失うことなく、よりいっそう深い思いやりの心をもって接し、さらに時間をかけて話し合いを続け、調和のとれた人間関係を求めて努力するのです。

このような精神で進めば、自己の品性は向上し、やがてこちらの誠意が相手に通じ、いっそう強い信頼関係が生まれ、物事が順調に運ぶようになります。

34 原因《げんいん》を追《お》わず善後《ぜんご》を図《はか》る

この格言は、さまざまな問題や事件に遭遇《そうぐう》した場合の心得《こころえ》を説いたものです。

私たちは、自分の身のまわりで何か問題が起こったり、事件に直面した場合、いたずらに悲観したり、後悔《こうかい》したり、自暴自棄《じぼうじき》に陥《おちい》ったりしがちです。あるいはまた、その原因や責任の追及のみにとらわれ、みずからの正しさを主張したり、相手の不備や過失を責めようとします。これでは、いつまでたっても問題は解決しないばかりか、互いに不平や不満を抱《いだ》き、事態をますます悪化させることになります。もちろん問題を正しく解決するためにも、また同じ過《あやま》ちを再び繰《く》り返《かえ》さないためにも、その原因を客観的に究明していくことは大切です。

ここにいう「原因を追わず」とは、生じてしまった事柄に必要以上にこだわらないということです。すなわち、事態を再びもとに戻《もど》すことはできないという自覚に立って、一つ一つの問題や事件を前向きに受けとめ、道徳的に解決するように努力することです。重要なことは「善後を図ること」です。つまり、すべての問題を自分に与えられた道徳的課題として感謝して受けとめ、事態を改善するための責任を積極的に担《にな》うという心で対処《たいしょ》するのです。

ところが実際には、感謝し、すすんで責任を負うということは、なかなか難しいことです。たとえ自分が悪いと思っていても、それを素直に認め、謝《あやま》れないのが現実です。なぜなら、私たちは強い自己愛をもっているからです。

そこで、自分自身が日ごろの心づかいや行ないを反省し、道徳的な向上をめざして進んでいくことが先決です。このような心づかいと態度をもつことができれば、おのずから相手も態度を改めるようになり、互いに心を合わせ、力を寄せ合って、解決への確かな第一歩を踏み出すことができます。

最高道徳では、問題や事件にかかわるようになった日ごろの心づかいと行ないを反省し、そのうえで事態をいかに平和的、建設的に解決するかを考えるのです。そして、自分が犠牲《ぎせい》を払うことを覚悟して、相手を満足させ、いっそう幸せになっていただきたいという思いやりの心で事に当たるのです。このようにすれば、どのような問題もおのずから解決に向かい、よりよい人間関係を築くことができます。

35

陰《いん》微《び》を発《あば》かず黙《もく》し秘《ひ》して誠《まこと》を尽《つ》くす

この格言は、他人や団体の秘密をみだりに他言《たごん》してはならないことを示したものです。

ここにいう「陰微」とは、他人の秘密ということです。私たちは日常生活の中で、言ってはならない他人の秘密をもらしたり、第三者の陰口《かげぐち》やうわさ話をすることがよくあります。これは他人のプライバシーを侵害《しんがい》するだけでなく、発言した人自身の信用や人柄《ひとがら》を損《そこ》なうものです。この格言は、他人の秘密をむやみに暴露《ばくろ》せず、自分の心の内に秘めて、相手の幸せのために至誠を尽くすということです。

最高道徳においては、どのようなことを見聞《けんぶん》しても、法によって公開が義務づけられている場合は別にして、恩人をはじめ職場の上司や他の人々の迷惑《めいわく》になるようなこと、あるいは国家や団体の機密《きみつ》に関することについては、一切これを他言しないのです。また、自分自身のことについても、重大な問題は、むやみにこれを他人にはもちろん、家族にも話さず、自分の心の中にとどめておくのです。このように自他の利害に関することをみだりに他言しないことを「黙秘《もくひ》の徳《とく》」といいます。

私たちは他人の秘密や団体の機密を他言しないことによって、真の信用を得ることができます。また自分の困難を口外《こうがい》せず、至誠の心で進むことによって、自己の徳を高めることができます。

しかし、黙秘の徳を守るということは、ただ単に黙っていればよいということではありません。すべてのことについてまったく沈黙していたのでは、意思の疏通《そつう》ができず、社会生活を円滑《えんかつ》に営《いとな》むことはできません。事の大小、軽重《けいちょう》をよく判断して、あるいは語り、あるいは黙《もく》することが大切です。また、人生の方向を左右するような重大な問題に直面して、黙っていたのではいっこうに活路を見いだせないこともあります。そのような場合には、心から信頼できる人に相談し、教えを請《こ》うと同時に、みずから責任をもって事に当たることが必要です。

どのようなことも、慈悲の心をもって静かに自己に反省し、相手の幸せを願って誠を尽くすことが根本です。このような心づかいと行ないが累積すれば、品性はしだいに高まり、運命も改善され、他人の開発救済もできるようになります。

36

人間《にんげん》を尊重《そんちょう》すれども物質《ぶっしつ》を軽《かろ》んぜず

この格言は、人間と物質との正しい関係について述べたものです。

今日、人間尊重ということが強く叫ばれています。いうまでもなく人間は、その生命と人格が絶対的価値をもつものとして、等しく尊重されなければなりません。世界人権宣言にも民族、国家、宗教、言語、性の違いを超えて、すべて人間は平等に尊重されなければならないことがうたわれています。

しかし現実の社会においては、物質中心や物質偏重《へんちょう》の傾向があり、人間性が疎外《そがい》されるという現象が多く見られます。また、ともすると金銭や物質を人間の生命以上に重んじたり、あるいは虚礼《きょれい》にとらわれて、自分も無理をし他人にも無理をさせて、人間関係を悪くしたり、健康を害することもあります。

昔から「衣食足《いしょくた》りて礼節《れいせつ》を知る」といわれているように、物質は人間生活において欠くことのできない要素です。物がなければ心がすさむというのは一面における事実です。しかし、物があれば人間は礼儀や節度《せつど》をわきまえるかというと、必ずしもそうではありません。なぜなら人間の欲望には際限《さいげん》がないからです。欲望の赴《おもむ》くままに物質的な豊かさだけを追求し続けているかぎり、私たちはいつまでたっても足ることを知らず、心貧しい生活から逃《のが》れることはできません。

人間の生活は、精神生活と物質生活によって成り立っています。したがって、精神だけを重んじて物質を軽んずるのも、また逆に物質だけを重んじて精神を軽んずるのも、ともに不合理であるといわなければなりません。最高道徳では、人間を尊重することを根本として、人間生活を豊かにする範囲において物質を尊重し、物そのものの価値を正しく生かしていくのです。

モラロジーは、品性の完成を究極の目的とする、徹底した人間尊重の立場に立っています。しかし、それは物質を軽視して、精神だけを強調する精神至上《せいしんしじょう》主義を意味するものでは決してありません。私たちは、真に温かい人格的な交わりと互いの道徳的努力を尊重するとともに、生命を養う物質の価値を十分に認めて、調和のとれた生活を築いていくことが必要です。

37

個性《こせい》を尊重《そんちょう》すれども団体《だんたい》を軽《かろ》んぜず

この格言は、個人と団体の正しい関係を述べたものです。

人間は社会的欲求をもち、共に生きることを本性としています。したがって、社会を離れて生きることはできません。私たちはみな、国家や家族をはじめ学校や企業など、さまざまな集団に属し、その一員として生活しています。そして、所属する団体の中で、各自の生活の糧《かて》や生きがいを求めると同時に、団体の秩序と発展を願い、そのために努力しています。

しかし私たちは、ともすると自分の目先の利益だけに執着《しゅうちゃく》し、また個人を尊重するあまり団体の発展を忘れることがあります。一方、団体の秩序と発展だけが優先され、個人が軽視されたり、犠牲《ぎせい》を強《し》いられたりする場合もあります。これでは個人の目的と団体や組織の目的が対立し、結局、両者がともにその目的を十分に達成することはできません。

すべての団体はなんらかの規則をもち、それにもとづいて運営されるものです。しかし、成員の精神的な結合を強固にし、団体の生命力を高め、よりよく機能させる根本的な要因は道徳です。

モラロジーでは、道徳を基準として個人と団体が真に調和し発展する道を示しています。それは、まず個人が神および伝統の精神を深く理解し、個性を十分に発揮《はっき》し、自分の意志で責任をもって行動することです。次に団体は、成員の個性を尊重し、それが十分に生かされる組織や制度を整《ととの》えるとともに、みずからの社会的責任を果たしていくことです。このように道徳が秩序の根本となっている団体こそ、真に人間尊重の団体であるといえましょう。

およそ社会や国家など、すべての団体の歴史から見れば、個人の自由や幸福は団体の発展と調和してはじめて実現するものです。したがって、一人ひとりの主体性や個性を尊重するといっても、無制限に許されるわけではありません。個人は全体との調和の中で個性を生かすことが大切です。統一の中に個性を現わす人が真に偉大な人物です。

そこで私たちは、あらゆる場合に最高道徳を基準として、成員一人ひとりの個性の尊重と団体の秩序、発展との調和を目的として進むのです。

38 深《ふか》く親近《しんきん》を愛《あい》して力《ちから》を社会《しゃかい》に尽《つ》くす

この格言は、身近なところから道徳を実行することの大切さを述べたものです。私たちは社会の一員としてさまざまな恩恵を受けて生活しています。したがって、社会に対する義務を自覚し、社会の発展のために力を尽くすことは当然のことでしょう。しかし、国家や地域社会あるいは他人のために、どんなに献身的に努力しても、親に心配をかけたり、家族を苦しめ悲しませたりするようでは、周囲の人々の信頼を得ることはできません。また、このようなことでは、その努力は長続きせず、良い結果をもたらすこともできないのです。

したがって私たちは、まず父母や家族、親族など特別な関係のある人々、つまり親近に対して、深い感謝と愛情をもって接していくことが必要です。

中国の戦国時代の思想家、墨子《ぼくし》は兼愛《けんあい》主義を唱《とな》えました。兼愛主義とは、身内《みうち》も他人もまったく平等に愛さなければならないと考える立場です。これに対して、同時代に生きた孟子《もうし》は「父親を無視するものである」(『孟子』滕文公《とうぶんこう》下篇)と批判しました。孟子は、自分の親から受けた恩恵と他人から受けた恩恵とはおのずから区別されるべきで、これを平等に待遇するならば、親から受けた恩を軽《かろ》んじ、ひいては社会の秩序を乱すことになると考えたのです。そこで「親《した》しきに親《した》しむ」(『孟子』尽心《じんしん》上篇)という考え方を提示し、仁《じん》の精神は親近から実行しなければならないと説きました。

最高道徳では、広く公平に人類を愛することを原則としています。しかし同時に、恩人に対してそれ相当の奉仕、報恩することが人間としての義務であるとしています。つまり、家の伝統をはじめ、親族などの親近を深く尊敬し、愛情をもって接することを重視するのです。

そこで私たちは、まず自分自身が最高道徳を実行し、親に安心と満足を与え、円満な家庭を築くように努めるのです。そして、しだいに身近な人々に感化を及ぼし、それらの人が道徳の実行に進むように誠意を尽くすのです。さらにそのうえで、一人でも多くの人が幸福になるように願い、社会の秩序の確立と平和の実現に向かって積極的に努力していくのです。

39 自己《じこ》を抑損《よくそん》して賢《けん》と良《りょう》を推奨《すいしょう》す

この格言は、謙譲《けんじょう》の精神の本質を述べたものです。

私たちは、自分の名誉や利益に結びつく地位や仕事のことになると、人を押しのけてまでそれを獲得しようとしがちです。これでは他の人との間に無用の競争を生じ、円満な人間関係を損《そこ》なうことになります。

他方、私たちは、自分の地位や仕事を他の人に譲《ゆず》ることもあります。しかし、それが見《み》栄《え》や体裁《ていさい》にとらわれた遠慮や我慢にもとづいているとすれば、形のうえでは道徳的な行為に見えても、自分の心に不平や不満、後悔《こうかい》が残ることになります。

最高道徳では、自分のおごり高ぶる心や独占《どくせん》しようとする心を抑《おさ》えて、名誉や利益に結びつく地位や仕事は、それにふさわしい実力と人格を備えた人を推奨し、その人に譲るのです。そして、自分自身はつねに品性の向上に努力し、あわせて実力を磨いていくのです。これが「自己を抑損して賢と良を推奨す」ということです。ただし、人心の開発救済という重大事に関して、どうしても自分でなければならないときには、他人に譲る必要はありません。

「賢と良を推奨す」といっても、現実には容易なことではありません。たとえ譲る心ができたとしても、適当な人材を推薦《すいせん》することができなければ、その人は十分に責任を果たしたとはいえないでしょう。そこで私たちは、推薦しようとする人の特性や意向を思いやって、その人の個性や能力を生かすことができるかどうか、また、その人が仕事に意味や生きがいを見いだせるかどうかを深く配慮《はいりょ》することが必要です。そのような配慮をしないで重い責任を負わせたならば、その人は一時的に名誉心を刺激されて感激することもあるでしょうが、やがて地位や仕事に押しつぶされてしまうことにもなりかねません。したがって、譲られた人がまだ十分に実力を備えていない場合は、こちらが陰《いん》に陽《よう》にその不足を補い、その人を生かし育てていくことが大切です。他人を推奨するということは、その人の人生を左右する重大な問題ですから、慎重《しんちょう》な配慮が必要です。

このように優《すぐ》れた人を見いだし推奨する態度は、自我を没却し神意に同化した人にしてはじめて可能になります。そして自分の名誉や利害を離れて、より多くの人材を育てることが、真に団体や国家の繁栄をもたらすのです。

40

売《う》るにも買《か》うにも争《あらそ》わず他人《たにん》を尊重《そんちょう》す

この格言は、品物を売買する際の心得《こころえ》を説いたものです。

私たちは、品物の購入《こうにゅう》に当たっては、少しでも安く手に入れようとして、商品をけなしたり、サービスを要求するなど、いろいろと理由をつけて値引《ねび》きさせようとしがちです。そして、いざ買う段になると、あれこれと選びとろうとします。また、売る側においても、お世辞《せじ》を言ったり、商品について偽《いつわ》りの説明をしたり、売れ残りの品などを押しつけようとします。

良い物を必要以上に安く求め、また粗悪《そあく》な品をより高く売ろうとするのは、利己心の表われです。その結果、売る側も買う側も相手に対して不信感をもつようになり、互いの人格を損《そこ》ない、お金も品物もその価値が十分に発揮《はっき》されないことになります。

そこで、品物の売買に当たって、売る人は、まず品物の特性を詳《くわ》しく知っていることが必要です。そして、買う人が何を求めているかを十分に理解し、買う人を欺《あざむ》かず、良質な品物を適切な価格で提供することです。さらに、その商品に真心を添《そ》え、売った品物が真に相手の幸せに役立つように念願するのです。

しかし、真心を添えるにしても、売る人にその心がなければ添えようがありません。そこで、売る人は、日ごろから他人のことを思いやる心を培《つちか》うことが大切です。品物を売るには、単に販売技術だけではなく、買う人に好感を与え、信頼される人柄《ひとがら》が根本になければならないのです。

次に、買う人は、どのような場合も売る人の人格を尊重し、むやみに商品をけなしたり値切《ねぎ》ったりするような行為は避《さ》け、感謝の心で品物を購入するのです。そのためには、日ごろから信頼のおける店や取引先を選んでおくことが肝要《かんよう》です。また、相手方が非常に不正な場合には、一時的に多少の困難を感じても、やむを得ずその取引きを中止して、時機を待つか、他に相手を求めるのです。

すべて売買の目的は、売って喜び、買って喜ぶことにあります。最高道徳では、互いの人格を尊重して、売る人は買う人の幸せを願い、買う人は売る人を信頼することを売買の基本とします。

41

自己《じこ》の好悪《こうお》をもって他《ひと》に強《し》いず

この格言は、人に何かを勧《すす》めるときの心構えを述べたものです。

私たちは、それぞれ立場や境遇を異《こと》にし、また、ものの考え方、興味、関心など多くの点で異なっています。ところが日常生活においては、このような事実を忘れ、自分本位の考えにもとづいて物事を判断し、自分がよいと思うことを他の人に強要することがしばしばあります。

たとえば、自分が酒やタバコをやめれば、すぐに他人にも禁酒や禁煙を勧め、よい健康法があるとそれを勧めたくなるものです。確かに禁酒や禁煙、健康法などを勧めるのは悪いことではありません。しかし、その場合、相手の気持ちや立場を思いやる心がないと、こちらの善意が相手に押しつけがましく受けとられ、かえって迷惑《めいわく》やよけいな苦痛を与えることがあります。その結果、それまで順調にいっていた人間関係にひびが入ってしまうことにもなりかねません。

最高道徳では、決して自分の好悪《こうお》を強《し》いることなく、相手の気持ちや状況をよく考えて、その人を徐々に開発するのです。そして、相手がみずからの欠点や悪癖《あくへき》に気づき、それをすすんで改めるようになることが望ましいのです。そのようにすれば相手に喜んでもらうことができ、互いの人間関係もいっそう円満なものになります。

このことは、人心開発救済を行なう場合、とくに心すべきことです。モラロジーは人類の安心と幸福を実現する学問ですから、一人でも多くの人々に学んでもらいたいと願うのは自然なことです。ところが、他人の立場や事情を理解しないで、むやみにモラロジーを勧めようとすると、かえって相手の反感を招くような結果になります。つまり、動機や目的がどんなによくても、時機、場所、場合、方法を誤ると、せっかくの努力も実を結ばないことになります。

思いやりの心とは、何よりも相手の立場に立って考え、行動することです。たとえば開発のために相手の家庭を訪問する場合でも、食事時、出勤前のあわただしい時間、仕事が忙しいとき、あるいは夜遅い時間などは避《さ》けるべきです。このような配慮《はいりょ》は、一見些細《ささい》なことに思われるかもしれませんが、きわめて大切な道徳なのです。

42

苦悶《くもん》の中《うち》に自暴自棄《じぼうじき》せず

この格言は、人生の苦難《くなん》に直面したときの心構えを述べたものです。

私たちは、人生の途上《とじょう》で、家庭内での不和や葛藤《かっとう》、他人や社会との軋轢《あつれき》、あるいは仕事上でのトラブルなど、さまざまな困難に出会います。また、青年期は理想と現実の隔《へだ》たりに、壮年期は社会的責任の重さに、高年期は体力や能力の限界に、苦悩や不安をもつものです。このような場合、私たちは、悲観したり、不平を抱《いだ》いたり、自暴自棄《じぼうじき》に陥《おちい》ってしまうことがあります。しかし、どのような困難に直面しても、自分の心づかいと行ないを改善することによって困難を克服《こくふく》し、希望と喜びに満ちた新たな人生を切り開くことができるのです。

人間は生きているかぎり迷うものであるといわれるように、苦悩や不安は私たちの人生につきものです。苦難に直面したとき、自分の欠点や過失を棚上《たなあ》げにして、相手が悪いとか、社会が悪いといって責任を他に転嫁《てんか》し、非難、攻撃《こうげき》するとしたら、そのような態度は決して良い結果をもたらしません。あるいは感情の赴《おもむ》くままに行動したり、無気力、無関心となったりするのも同様です。

大切なことは、苦難をどのように受けとめるかということです。苦難を苦難と考えるとき、それは苦しみになります。しかし神から与えられた試練《しれん》と考え、感謝して受けとめるとき、それは苦しみでなくなります。そして、苦難を克服したときには、測《はか》り知《し》れない喜びがあります。

私たちは苦難に直面した場合、決して逃げ腰になったり、不平を言ったり、反抗したりすることなく、それがどこから生じてきたかを冷静に見きわめる必要があります。そして、自分の過失によって生じたものなら、素直に自分の非を認め、深く反省して責任ある態度をとることです。また、たとえ自分に責任のない場合でも、相手を責めることなく、それを機会に自分の心づかいと行ないを謙虚《けんきょ》に見つめ直すのです。

このように最高道徳では、どのような苦難に対しても、それを正面から受けとめ、自己の品性を向上させる絶好の機会と考え、感謝しながら前向きな態度で努力するのです。そのようにすれば、必ず道は開かれていきます。

43

大事《だいじ》には能《よ》く耐《た》え小事《しょうじ》には怒《いか》らず

この格言は、人生上のさまざまな問題に対処《たいしょ》するときの心のあり方を述べたものです。「大事」とは、長期間にわたって多大な努力を必要とする仕事や、家庭の崩壊《ほうかい》につながるような問題、自己の浮沈《ふちん》にかかわる事業上の問題、あるいは伝統に対する去就《きょしゅう》の決定など、私たちの人生を左右する重大事をさします。それに対して「小事」とは、日常の生活上、職務上で生ずる悶着《もんちゃく》など些細《ささい》な出来事のことです。

私たちは、人生の途上《とじょう》で、好むと好まざるとにかかわらず、また自分に責任のあるなしにかかわりなく、大小さまざまな問題に直面します。そのような場合、小事にはのんびりと気長に対応していながら、大事にはあわてふためいて冷静な判断力を失い、他人の意見や甘い言葉に乗せられて、軽率《けいそつ》に物事を決めてしまう人もいます。これでは、いつまでたっても大事を成就《じょうじゅ》することはできません。

また中には、大事には慎重《しんちょう》で、何十年の歳月を費《つい》やしても屈しない忍耐力をもって努力していながら、小事にはきわめて短気で、感情に走り、勝手気ままに怒るなどして、まったく相手のことを気にかけない人もいます。このようなことでは人生に喜びを見いだせないばかりか、家族や周囲の人々との間に亀裂《きれつ》を生じ、温かい人間関係を築くことはできません。これでは、たとえ一時的に成功することがあっても、それは長続きせず、結局、寂《さび》しい人生を送ることになるでしょう。

困難に直面したり、大きな仕事を行なおうとする場合、私たちは性急に結論を出そうとするのではなく、あらゆる角度から問題を検討し、時間をかけ、手段を尽くして努力していくのです。また、日常の小事についても、大事が小事の積み重ねであることを考え、これをおろそかにすることなく、どこまでも至誠の心をもって対処することが大切です。

最高道徳では、大事であれ小事であれ、どのような場合でも、品性の向上に努めることを根本とします。そして、つねに慈悲の心になり、どうすれば自分と相手と第三者がよくなるかを熟慮《じゅくりょ》し、希望をもって粘《ねば》り強《づよ》く一つ一つの問題を処理していくのです。このようにすれば、さまざまな問題はおのずから解決するとともに、大事を成就させることができます。

44

一長《いっちょう》に誇《ほこ》らず心《こころ》を虚《むな》しくして短《たん》を補《おぎな》う

この格言は、謙虚《けんきょ》な心になって自己の向上に努めることの大切さを述べたものです。

私たちは、学問、技術、財産、社会的な地位、名誉など、自分に一つでも長所があると、それを自慢し、高慢になり、人を見下《みくだ》すことさえあります。そして謙虚さを失い、向上への努力を怠《おこた》ってしまうのです。あるいは、自分の性格に欠点があっても、これまで順調にやってきたのだからとか、生まれつきの性格は変わらないなどといって、それを直そうとはしないものです。まして品性の向上などは考えないのです。

また私たちは、知らず知らずのうちに他人と自分を比較し、他人の才能や幸福をうらやんだり、嫉妬《しっと》したりすることがあります。そして、他人の粗《あら》を探し出し、少しでも自分より劣っているところを発見すると、自己満足しがちです。それは、他人より少しでも自分のほうが優《すぐ》れていたいと思う心がはたらいているからです。

このように私たちはきわめて自己中心的であり、他人の欠点や短所についてはよく気づくのですが、他人の長所を認めてそれに学ぶとか、自己の欠点を補うというようなことはなかなかできにくいものです。

すべて人間には長所もあれば短所もあります。私たちは互いにそれぞれの長所を大切に育てなくてはなりません。一人ひとりが自分の持ち味を十分に生かしながら社会に貢献《こうけん》していくことは重要なことです。しかし、知識の優れた者が知識に、体力や財力のある者がその力に、権力のある者が権力に頼るように、自分の長所を唯一《ゆいいつ》の武器として社会生活を営《いとな》み、少しも自己を省《かえり》みないようでは、いつまでたっても品性の向上は望めません。私たちは、他の人々がもっている長所を認め、それに学び、自己の短所を補っていこうという謙虚な態度をもつことが大切です。

最高道徳では、自分にいかに多くの長所があっても、決してそれを誇ることなく、伝統の精神を基準とし、自己に反省しながら、生涯にわたって品性の向上にいそしむことを無上の喜びとします。このように、日々新たに努力していくことが真の積徳となり、それが社会生活においてすばらしい人間関係をもたらす原動力となるのです。

45

労《ろう》をも資《し》をも神《かみ》に捧《ささ》げて施恩《せおん》を思《おも》わず

この格言は、労力や物質を他人や社会に提供する際の基本の精神を述べたものです。ここにいう「労」とは、精神的、肉体的な労力のことで、「資」とは、金銭や物質のことをさします。「施恩を思わず」とは、恩や恵《めぐ》みを施《ほどこ》したという意識をもたず、また相手から感謝や報酬《ほうしゅう》を期待しないということです。

今日の国際社会には、貧困、差別、文盲《もんもう》、難民など、さまざまな問題があります。私たちはそれらの問題を解決するために、ユネスコやユニセフなどの国際機関を通じて金銭、物質を提供したり、直接ボランティア活動などに参加することがあります。また、老人養護施設や障害者の施設を訪問して奉仕活動をしたり、災害に見舞われた人々に対して物心両面から援助をすることがあります。さらに、個人的に相談を受けた場合、精神的、物質的に犠牲《ぎせい》を払い、その人のために尽くすことがあります。これらはすべて、よりよい社会をつくるために必要な行為であり、道徳的にもすばらしいことです。

しかし、その場合、地位や名誉を得ようとする動機で行なっているとすれば、それは明らかに利己的であるといえます。また単なる同情心や、人がするから自分もするというような動機で行なっているとすれば、形のうえでは道徳的に見えても、心づかいには問題があるといえます。

最高道徳では、国家や社会あるいは他人のために労力や物質などを提供する場合、社会あるいは個人に恩恵を施すというようには考えず、神にささげるという心づかいで行なうのです。私たち人間は、自然の一部として生かされている存在ですから、自然の法則すなわち神の意思に従って生きていかなければなりません。ところが、私たちは利己心にとらわれ、知らず知らずのうちに人を責め、人の心を傷つけていることが多いのです。これは神の意思に反する道徳的過失であるといえます。また、自分の努力の結果を他に分け与えずに独占《どくせん》することも、神の意思に反することといえましょう。

このような過失を償《つぐな》い、天功《てんこう》を助けていくことは、人間としての義務です。そこで私たちが社会や個人に奉仕するときは、神の恩恵に報《むく》いるためにすすんで犠牲を払わせていただくという心づかいで行なうのです。そのようにすれば、相手からなんの報いがなくても、少しも不平の心を起こすことなく、ますます品性が磨かれていきます。

46

胎教《たいきょう》は徳《とく》を積《つ》ましむるに在《あ》り善《ぜん》を教《おし》うるに非《あら》ず

この格言は、妊婦《にんぷ》のいる家庭において留意すべき心構えを述べたものです。

人間教育の始まりは胎教です。胎児《たいじ》が母体にいる約十か月の期間は、乳幼児期とともに、人間の一生を通じてもっとも大切な教育の時期です。なぜなら、この時期には、母親の心づかいと行ないをはじめ、家庭環境の影響を大きく受けて、胎児の体質や性格などの基礎が形づくられるからです。

胎教の重要性については、今日、医学的にも裏づけられるようになってきました。たとえば、胎児の聴覚《ちょうかく》は比較的早い時期から働き出し、母体の内外の音を聞いているといわれます。母親の優しい語りかけはもちろん、家族の会話や夫婦げんかの声などにも反応しているのです。また、妊婦の日常の心づかいや感情は胎児に大きな影響を与えます。さらに妊娠《にんしん》中の夜ふかしや飲酒、喫煙《きつえん》は、胎児の心身の発達に重大な悪影響を与えることもわかってきました。

最高道徳では、まず妊婦自身が胎教の大切さを認識し、親としての責任を自覚するとともに、家族全員も温かい思いやりの心をもって十分な配慮《はいりょ》を尽くすのです。たとえば妊婦に対してみだりに教訓したり、形式的な礼儀作法を強《し》いるのではなく、妊婦自身がすすんで徳を積むように手助けするのです。

また妊婦は、飲食、起居《ききょ》、動作に注意し、適度な運動や娯楽をとり、たえず感謝と喜びと広やかな心をもち、柔和《にゅうわ》で円満な人間関係を営《いとな》むように努めるのです。そして子供が健康に生まれ、将来、国家や社会のために有為《ゆうい》な人間として成長することを念願し、少しずつでも伝統報恩と人心開発救済の実践を心がけるのです。このような心づかいと行ないは、妊婦自身の心を平和にし、胎児によい感化を及ぼし、その心身の健全な発達にきわめて良好な影響を与えます。

この時期に行なわれた胎教の成果は、のちに続く乳幼児期、児童期、青年期にも受《う》け継《つ》がれていきます。そして、この胎教を実行する妊婦の道徳的な努力と、それを温かく見守り援助する家族の協力とは、互いに結合して新しい生命を生み、積善《せきぜん》の家の基《もとい》をつくり出すのです。

47

創業《そうぎょう》にも守成《しゅせい》にも苦労《くろう》して人《ひと》を愛《あい》す

この格言は、事業を永続的に発展させるための基本的な要件を述べたものです。

私たちは、創業期にあっては相当の苦労をし、従業員や仕入先をはじめ、事業にかかわりのある人々を大切にします。ところが、ひとたび成功すると安心して、それまでの苦労の上にあぐらをかき、また、多くの人によって支えられてきたことを忘れてしまいがちです。つまり守成期に入ると、創業期の精神と苦労を忘れて安逸《あんいつ》に走り、あるいは高慢になって人を軽《かろ》んじたり、無視したりすることが少なくありません。企業を永続的に発展させていくためには、創業期以上の苦労と努力が必要とされるのです。

事業の根本は人にあり、人の根本は品性にあります。最高道徳では、事業経営の究極的な目的を人心の開発救済に置いています。したがって、経営者は「まず精神を造り次に形式を造る」という原則にもとづいて、自分自身の品性を高めるための努力をするのです。

そのうえで、従業員、仕入先および得意先の人々の幸せを思い、最高道徳的に開発し救済する心で誠意を尽くすことが大切です。そして、自分自身の経営能力を高めるとともに、従業員の品性の向上と実力の養成に努めるのです。このことは創業期のみならず、守成期においてもつねに心がけるべきことです。

従業員の前途《ぜんと》を考えず、単に利己心に訴えて生産性の向上と企業の発展だけをはかろうとするのは、正しい事業経営とはいえません。経営者は、事業を私物化して、単に自分の利益を得るための手段と考えるのではなく、たえず人々の幸せを思いやり、そのために苦労をさせてもらうという精神で事業に当たるのです。

今日、優良企業や老舗《しにせ》といわれている会社はみな、成功後も一貫して企業努力を続け、人材を育成することに最大の力を注《そそ》いできたのです。

このように、経営者が終始一貫、人間尊重と人心開発救済の精神に立って、従業員一人ひとりの幸せを深く思いやり、従業員とともに品性の向上に努めるようになれば、信頼と協調に結ばれた人間性あふれる企業となります。そうすることによって、企業は人心開発救済のための一つの公的機関となり、その社会的責任を果たすことができ、永続的発展の道も開かれてくるのです。

48

身《しん》口《く》意《い》一《いっ》致《ち》して責《せき》任《にん》を尽《つ》くす

この格言は、日常における一切の行動の基準を述べたものです。

ここにいう「身口意」とは、行ないと言葉と心づかいをさします。

私たちは、自分で言ったことを実行しなかったり、実行しないことをあたかも実行したかのように話すことがあります。このような無責任な態度では、だれからも信用されなくなります。依頼されたことや約束したことを正確に守るなど、言行《げんこう》を一致させることは大切な道徳です。

しかし、いかに言行が一致していても、それが形式的であったり、動機が不純であるなど、心づかいが伴《ともな》っていないことが少なくありません。たとえば、他人から依頼された仕事や用事を行なう場合、自分をよく見せようとか、相手に嫌《きら》われたくないとか、恩を着せようというような心づかいにもとづいていることが多いものです。また、自分が日ごろ道徳に関心をもち、社会奉仕活動を実行している場合でも、ひとりよがりの正義感にもとづいていることがあります。

このような行為は、言行が一致し、形のうえでは善いことを行なっているように見えますが、それは自負心や高慢心などの利己的な心づかいにもとづいているといえましょう。これでは自分の仕事や活動の責任を十分に果たしたことにならないばかりか、結局、相手や第三者から信頼されず、温かい人間関係を築くこともできません。《言《い》うは易《やす》く行《おこ》なうも易《やす》く心事《こころづかい》極《きわ》めて難《かた》し》

最高道徳では、心づかいをもっとも重視します。すなわち、何事を行なうにも言行を一致させるだけでなく、心づかいも一致させるのです。心づかいは目に見えませんが、どのような心づかいも相手の精神に感じとられ、大きな影響を与えます。私たちは、自分の心を基準にするのではなく、神の慈悲心を基準として、相手の安心と幸せを願う心づかいですべてのことを行なうのです。このような心づかいが基本となって、はじめて言行が適切で美しいものとなり、すべての人に快感、満足を与えることができるのです。

私たちが、日々の行ないと言葉と心づかい、すなわち「身口意」を神の慈悲心に一致させ、至誠をもってすべての責任を果たしていくならば、自己の品性は向上し、他人にも感化を与えて、円満な人間関係を築くことができます。

49 途《と》中《ちゅう》困《こん》難《なん》最《さい》後《ご》必《ひっ》勝《しょう》

この格言は、有終《ゆうしゅう》の美《び》を飾るための基本的態度を述べたものです。

私たちは幸福を求めて日々努力しているにもかかわらず、長い人生の過程においてはしばしば困難に遭遇《そうぐう》したり、逆境に陥《おちい》ることがあります。また、日ごろ道徳の実行に励《はげ》み、国家や社会のために貢献《こうけん》している人々でさえ、耐えられないような試練《しれん》に出会うことがあります。そのようなとき、私たちは、どうして自分だけがこのような困難や試練に遭《あ》わなければならないのかと、人生に疑問を抱《いだ》き、悲観し、絶望することがあります。あるいは、つい弱気になり、困難に真正面から取り組む気持ちをなくして逃避《とうひ》し、それまで積み重ねてきた貴重な努力を無駄《むだ》にしてしまうことがあります。

私たちの人生に困難はつきものです。しかし私たちの幸・不幸は、困難や試練をどのように受けとめ、どう対処《たいしょ》するかによって決まるのです。聖人をはじめ偉人、賢人《けんじん》と呼ばれる人々はみな大きな苦難《くなん》に遭遇していますが、一般の人々と異なるのはその受けとめ方です。これらの人々は、苦難を自己がさらに向上するための好機としてとらえ、感謝しつつ、天道に従ってその人生を開拓していったのです。その意味で、困難や危機は私たちの今後の運命を開くか閉ざすかの分かれ道になるのです。

人間は意味のある苦労なら耐えることができます。最高道徳では、すべての困難や試練を自己の運命を立てかえるための恩寵的試練《おんちようてきしれん》と考え、勇気を奮《ふる》い起《お》こして、ますます道徳の実行に努めるのです。つまり、決して困難や試練に屈することなく、虚飾《きよしよく》をしりぞけ、つねに質素、倹約、勤勉を心がけ、感謝と喜びをもって邁進《まいしん》するのです。

人生の途上《とじよう》で困難に出会ったとき、私たちの心の支えとなるのは聖人です。私たちは、つねに聖人の人心救済の事跡を回想し、その教えに従っていくことによって、前向きに対処していくことができるのです。その精神は、最高道徳によって人心を開発救済し、世界の平和と人類の幸福を実現しようという大理想にもとづいていますから、無限の喜びと楽しみを含んでいます。このような努力を積み重ねていけば、途中にはどのような困難や試練があっても、それを克服《こくふく》できるばかりでなく、品性は向上し、社会の信頼も得られ、最後には必ず人生の勝利者になることができます。また、その品性は社会の人心に貫徹《かんてつ》して、偉大な光明《こうみよう》を放《はな》つのです。

50

事業《じぎょう》誠《まこと》を悉《つ》くし救済《きゅうさい》を念《ねん》となす

この格言は、すべての事業経営の基本理念を述べたものです。

事業経営の目的は、人々に満足を与える生産活動や販売活動を通じて、個人と社会の幸福を増進することにあります。そのために事業体が利潤《りじゅん》を得、維持発展をはかるのは当然のことといえましょう。いいかえれば、事業の目的は、㈠一人ひとりの幸福の実現、㈡企業という組織体の発展と永続、㈢社会の平和の実現、にあります。そのためには、事業を行なう人は、事業上の知識、社会情勢、顧客《こきゃく》や取引先の要望などについて十分に知悉《ちしつ》するとともに、人と物と金を真に生かすように至誠をもって尽くすことが大切です。

一般に「事業は人なり」といわれるように、物や金が人を動かしているのではなく、人が物や金を動かしているのです。事業の繁栄と衰退《すいたい》は、人間にかかっているといえます。ところが私たちは、事業本位や物質本位になって、人間尊重の精神を忘れ、力以上のことをして経営内容を悪化させ、従業員や取引先に迷惑《めいわく》をかけていることが多いのです。

最高道徳では、事業を人心開発救済のための手段と考えます。すなわち、神の恩恵に感謝し、万物を生成化育《せいせいかいく》する神のはたらきを助けるという精神で、自己の事業や職務に誠意を尽くすのです。そして、日常接するすべての人々を最高道徳的に開発し救済しようと心がけるのです。これが時代の推移《すいい》や社会の相違によって変化することのない普遍的な経営理念です。この理念を具体化する場合には、時代の動向と個々の状況に応じて、人間と資本と物財《ぶつざい》が一体となって真に活用されるように配慮《はいりょ》していくことが必要です。

経営者が人間尊重の精神に立ち、まず自己の品性の向上に努め、従業員およびその家族一人ひとりの幸せを思いやるようになれば、おのずから従業員の心の姿勢も変わっていきます。つまり、製品を企画する人も、製造に当たる人も、販売を担当する人もすべて品性の向上に努め、仕事に心を込めるようになります。そして、自分がよく思われたいとか、よい待遇《たいぐう》を得たいという利己心を取り去り、つねに顧客や取引先、経営者や同僚のことを思いやって仕事を進めるようになります。

このように、経営者と従業員がともに自己の品性の向上に努め、事業に誠を尽くすようになれば、信頼と協調に結ばれた人間性あふれる企業となります。その結果、どのような困難にも打ち勝って、事業を発展させ、永続させることができるのです。

51

盛時《せいじ》には驕《おご》らず衰時《すいじ》には悲《かな》しまず

この格言は、人生の盛時および衰時における心構えを述べたものです。

人生は旅にたとえられます。途中には海もあり、山もあり、また川もあれば、谷もあります。栄枯盛衰《えいこせいすい》は世の常です。家庭生活においても、事業経営においても、すべてが順調に進んでいる良いときもあれば、不幸な出来事や困難の多い悪いときもあります。私たちは良いときには有頂天《うちょうてん》になり、自分の力を過信して独善的《どくぜんてき》な言動をとったり、自己満足して向上への努力を怠《おこた》ることが多いのです。また、悪いときには悲観し、責任を他に転嫁《てんか》して人を責めたり、冷静な判断力を失って自暴自棄《じぼうじき》に陥《おちい》ったりすることがあります。

私たちは、進学、就職、結婚、昇進、あるいは事業経営などにおいて、すべて自分の思いどおりに事が運んでいるときには、その成功が自分一人の力でできたかのように思ったり、それがいつまでも続くものと錯覚《さっかく》しがちです。また逆に、病気になったり、事業の経営に行き詰まったり、職場で思うような地位や仕事につけなかったり、あるいは深刻な家庭問題に直面したりすると、動揺し、悲しみ、人生の前途に希望を失ってしまうことが多いのです。

最高道徳では、人生には盛時と衰時があることを自覚し、今日の成功や幸せは多くの人々のおかげであることを感謝し、つねに謙虚《けんきょ》な心をもって、日々新たにさらに品性の向上に努めるのです。また、衰時においては、決して悲観し動揺することなく、これを運命改善の転機として感謝の心で受けとめ、いっそう勇気を奮《ふる》い起《お》こし、将来に希望をもって前向きな姿勢で努力していくのです。

とくに高齢化社会を迎えた今日、多くの人々は長寿《ちょうじゅ》に恵《めぐ》まれるようになっています。高年期は、身体的能力は衰退《すいたい》してきますが、精神的、道徳的にはますます円熟《えんじゅく》していく可能性のある時期です。そこで私たちは、自己の存在の意味や使命を自覚し、神や自然との一体感を深め、次の世代の人々の幸せを実現するために、限られた人生をささげていくのです。

このように、盛時には驕《おご》り高ぶることなく、また衰時には悲しむことなく、つねに謙虚で建設的な精神をもち、人生の完成に向かって進んでいくのです。

52

言行《げんこう》贅《ぜい》なく累積《るいせき》して徳《とく》を成《な》す

この格言は、平素の言葉づかいや行ないの重要性を述べたものです。

私たちの日々の言葉づかいや行ないには、意外に無駄《むだ》なことが多いものです。たとえば言わなくてもよいことを言ったり、しなくてもよいことを行なったりして、互いに傷つけ合い、それが原因となって個人の苦悩や社会の不安を生み出しています。また、私たちは、人生に役立つ話や道徳の話を聞くように勧《すす》められても、多忙《たぼう》を理由に断ることがしばしばあります。しかし実際には、自分の好きなことや無益なことに時間やお金や労力を費《つい》やしていることが少なくありません。

そこで、限りある人生を意味あるものにするには、正しい人生観をもち、一つ一つの言葉づかいや行ないにも十分に意を尽くしていかなければなりません。モラロジーでは、人生の目標が自己の品性完成にあることを教えています。品性こそ、すべてのものを正しく生かす根本です。私たちは最高道徳を学び、すべての言葉づかいや行ないを品性の向上に役立てるように心がけることが大切です。

そのためには、日常の小さな心づかいや行ないをおろそかにすることなく、一言一行《いちげんいっこう》に真心を込めて生活することが必要です。たとえば挨拶《あいさつ》をしたり、会話を交《か》わしたり、あるいは来客にお茶を出す場合にも、相手の幸せを祈り、満足していただこうという心づかいで行なうのです。また、物をつくったり、仕入れたり、あるいは売ったりするときでも、つねに相手を思いやる心で行なうのです。

さらに私たちは、自分の時間や労力、金銭などの無駄を省《はぶ》き、それをできるだけ他人の幸せのために生かしていくのです。このような道徳的行為を累積することによって、私たちの品性は確実に高まっていきます。

最高道徳では、とりわけ人心の開発救済を重視します。したがって、最高道徳の意義を十分に自覚した人は、常住坐臥《じょうじゅうざが》、日常のどんな些細《ささい》なことについても、相手の精神を開発し救済するという精神をもって対処《たいしょ》するのです。そして、国家や社会の平和と発展のために、自分のもてる力を積極的に活用していくのです。このようにすれば、自己の品性は向上して、大きな徳を形成することができます。

53

無《む》用《よう》の力《ちから》を省《はぶ》き需《じゅ》用《よう》に応《おう》ず

この格言は、金銭、物質、労力などの正しい使い方を示したものです。

私たちは、日常生活において、多くの無駄《むだ》なことを行なっています。何が有用であり、何が無駄であるかについては、人によって違いがあります。最高道徳では、人心の開発救済を基準として有用と無用を判断し、無駄に使われているお金や労力や時間をできるだけ生産的、建設的に用いていくのです。

たとえば、私たちはすぐには必要のないものでも衝動的《しょうどうてき》に買ったり、やらなければならないことがあっても娯楽に時間を費《つい》やしたりして後悔《こうかい》することがあります。また、自分が努力して得た金銭や物品を自分と家族のためにのみ使用して、それを社会に還元《かんげん》することを忘れがちです。国家の事業や国民の教育、文化のための事業、とりわけ道徳性の向上に役立つ事業、あるいは老人や障害者への奉仕活動など、社会に必要とされている事柄は多いのですから、すすんでこれらの事業や活動を援助していくことが望まれます。

また、国家や地方公共団体などの組織の改善や効率化が強く叫ばれているのは、各所に無駄が多いことを示しています。国際的に見ても、たとえば軍備拡張競争には巨額の金銭や物資が使われていますが、他の一方では、飢餓《きが》に瀕《ひん》したり、教育も受けられない人が何億人もいます。したがって、可能なかぎり金銭、物質および労力を、より多くの人々の基本的人権を守るために有効に使用していくことが求められています。

今日、自分さえよければよいという考え方が社会一般に蔓延《まんえん》しています。これでは結局、家庭を崩壊《ほうかい》に導き、社会の秩序を乱すことになります。そこで、自分も相手も社会もともによくしようとする道徳的な心づかいで、自己の労力を生かしていくことが大切です。このことが理解されれば、無用な力を費やすことは少なくなり、公共の福祉や国民全体の利益になること、あるいは最高道徳的精神に適合する事業に率先《そっせん》して参加し、援助できるようになります。

最高道徳では、どこまでも人を愛し、育てることを第一とします。そして、つねに全体の秩序や調和、発展を考えて、自己の時間や精神的、肉体的労力を、他の人々や社会のために積極的に活用するのです。この人間尊重の考え方にもとづく努力が、自然の法則に適《かな》い、安心、平和、幸福を実現していくのです。

54

誠意《せいい》を尽《つ》くして干渉《かんしょう》を行《おこ》なわず

この格言は、人を育てるときの留意点を述べたものです。

私たちは、人に物事を教えたり、仕事を頼んだりする場合、細かい点まで干渉して自分の思いどおりにしようとしがちです。たとえそれが好意から出たものであっても、その好意が相手に通じないで、かえって仕事に対する意欲を失わせたり、不平や不満や反抗の気持ちを起こさせることがよくあります。

どのような人も、長所とともに短所をもっています。とくに短所や欠点については、他人からそれを指摘されることは快《こころよ》いものではありません。したがって、他人の欠点を指摘する場合には、よほど慎重《しんちょう》にしなければなりません。また、細かい点についての干渉は行なわないことが望ましいのです。

最高道徳では、他人に助言をしたり指導をする場合、まず相手を深く信頼し、その幸せを祈り、優しく温かい思いやりの心、すなわち真にその人を育てようという親心で接するのです。次に、物事の正しい考え方や方法を丁寧《ていねい》に教え、その後はみだりに干渉しないで、本人が自発的に理解し体得するのを、焦《あせ》らずに見守るのです。

今日、家庭や学校において教育を混乱させている根本原因は、親や教師にこのような親心が欠けていることにあるといえましょう。また、職場や家庭の人間関係を難しくしているのも、結局、自分の尺度に相手を合わせようとする利己的な心がはたらいているからです。したがって、相手の欠点、短所を指摘するのではなく、むしろ思いやりの心でそれを補っていくことが大切です。そして、相手の人格を尊重し、誠意をもって接するのです。

学者でも、政治家でも、実業家でも、その他すべて偉大な事業を成し遂《な》《と》げた人には、最初にその人を発見し、育てた先輩があります。この先輩はその人以上、あるいはその人と同じくらいに偉大な人物なのです。このように、優《すぐ》れた人物にして、はじめて将来性のある人を見いだすことができるのです。私たちは、つねに自己の知徳を磨き、有能な人材の発見と育成を心がける必要があります。

右のような心づかいと行ないを累積すれば、温かい親密な人間関係を生み出し、自他ともに成長することができるのです。

55

自《みずか》ら実行《じっこう》を期《き》して始《はじ》めて聖人《せいじん》を思《おも》う

この格言は、最高道徳の生命が実行にあることを述べたものです。

私たちは、優《すぐ》れた芸術作品に接したとき、そのすばらしさに感動し、魅了《みりょう》されることがあります。また、心血《しんけつ》を注《そそ》いだ大著述を読んだとき、その偉大さに深く感銘することがあります。

しかし、作品のほんとうのすばらしさや偉大さは、それをつくり出した人の苦労を追体《ついたい》験《けん》することによってはじめて味わうことができるといえましょう。みずから画筆《がひつ》を手にし、創作のための苦心、苦労をするとき、偉大な芸術家の苦労を改めて知ることができるのです。そして、その作品のすばらしさにいっそう強く心を打たれるのです。また著述についても、みずから苦心して大著述を成したとき、はじめて先達《せんだつ》の努力の跡が偲《しの》ばれ、その苦労を実感することができるのです。

最高道徳の実行についても同じことがいえます。たとえば、人心開発救済の体験談を聞いても、自分に実行する意志がなければ、それは単なる美談として脳裏《のうり》をかすめ去ってしまいます。ところが、他人の幸せと社会の平和を願って、みずから人心の開発救済に尽力するときには、先輩の苦労や体験を自分のものとして受けとめることができるのです。

また、道徳を学び始めたころは、最高道徳の実行者である聖人の偉大さは理解できても、自分とはあまりにも掛《か》け離《はな》れた存在のように思われ、身近に聖人を感ずることはできません。しかし、実行を志《こころざ》し、その実行が深まるにつれて、しだいに聖人にあこがれ、その教えや事跡を求めるようになります。

私たちは、自分の名誉や利益を捨てて、まったく自我を没却し、真に神の心に一致する慈悲の精神を体得することは容易でありません。たとえ形のうえでは道徳的な行ないができても、その精神を体得することは困難なことです。しかし、私たちがみずから犠《ぎ》牲《せい》を払い、他人の幸せのために苦労をするとき、はじめて全人類の幸福のために献身した聖人の苦心、苦労やその事跡の偉大さを実感することができるのです。そして、その人格に憧憬《どうけい》して、偉大な慈悲心に抱擁《ほうよう》されながら、勇気をもって最高道徳の実行にいっそう邁進《まいしん》できるようになるのです。

56

道徳《どうとく》は犠牲《ぎせい》なり相互的《そうごてき》にあらず

この格言は、道徳の本質が犠牲的なものであることを述べたものです。

一般に私たちは、よいことを行なう場合、相手からの感謝や返礼を期待しがちです。これは道徳を相互的なものと考えているからです。たとえば、人に親切を尽くし、相談に応じたのに、感謝されなかったり、相手が期待どおりに動かなかったりすると、つい腹を立て、心の中で相手を打つことがあります。また交際上で贈り物をする場合、その値段や中身に必要以上に気をつかい、自分のほうが高価な品物を贈ると優越感を抱《いだ》いたり、相手からの贈り物が粗末《そまつ》であったりすると不満の心を起こすことがあります。

このような行為は形のうえでは道徳的に見えることもあります。しかし、相手の態度によって優越感をもったり、不満を抱いたりするような心づかいでは、真の道徳とはいえません。それは結局、自分中心の利己的な心にもとづいているからです。

道徳は本来、犠牲的《ぎせいてき》なものであり、感謝や返礼を期待しないものです。最高道徳では、どのような場合でも、犠牲的な心づかいを重視します。たとえば親切な行ないをする場合、ひたすら相手の幸せを祈って至誠を尽くすのです。また、人に贈り物をするときでも、日ごろの恩に感謝し、相手の人に幸せになっていただきたいという真心を添《そ》えて贈るのです。そして、その結果が自然に報《むく》われればそれを受け、報われなくても感謝の心を忘れないのです。つまり、たとえ相手から感謝され返礼を受けることがなくても、決して相手を責めることなく、誠意が足りなかったものとして自己に反省するのです。

この犠牲的な心づかいは、自己の道徳的な過失と負債の自覚にもとづいています。この過失を償《つぐな》い、負債を返済するために、私たちはすべての恩人に対して感謝し報恩していくことが大切です。このような見返りを求めない純粋な精神で道徳を行なうことが、私たちの品性を向上させ、大きな幸福を生み出すのです。

しかし、この犠牲の精神は、自分の生命をささげるということではありません。ソクラテスやイエスなどの聖人が人心救済のために自分の生命を犠牲にしたのは、真にやむを得ない場合に遭遇《そうぐう》したからです。最高道徳では、みずから生きつつ人類のために働いて人を生かす方法、つまり自他ともに生きて栄える方法をとるのです。

57

泰然《たいぜん》道《みち》を聴《き》き些事《さじ》を顧《かえり》みず

この格言は、最高道徳を学び、実行する際の本末《ほんまつ》を述べたものです。

ここにいう「道」とは、天地の公道すなわち最高道徳をさし、「些事」とは、物事の本質にかかわりのない小さな事柄や問題をさします。この格言は、物事の本末をよく見きわめ、いかなる場合にも枝葉末節《しようまっせつ》にとらわれることなく、不動の信念をもって最高道徳を学び、実行することの大切さを示したものです。

たとえば、モラロジーの集会を開く場合、その目的はあくまでも人心の開発救済にあります。しかし私たちは、ややもすると参加者の数にこだわり、大勢の人が集まれば喜び、少ないと落胆《らくたん》することがあります。集会の進め方についても、社会状況の変化や聴講者《ちょうこうしゃ》の立場も十分に考えず、従来の方法や形式に固執《こしつ》することがあります。このようなことにとらわれていては、本来の目的を達成することはできません。

集会に誘われた場合でも、道徳といえば外から強制されるもの、堅苦《かたくる》しいものという印象をもったり、あるいはいろいろと口実《こうじつ》をつくって敬遠《けいえん》することが多いのです。これは道徳の本質を見誤っているといえましょう。また、集会に参加する場合でも、余暇を利用して参加するという消極的な姿勢ではなく、みずから時間をつくり出して参加するという積極的な姿勢が必要です。

いずれの場合でも、私たちは集会の目的を十分に理解し、自分の都合や従来の形式などにこだわって本末を転倒しないように注意しなければなりません。

私たちは、趣味や嗜好《しこう》など自分の好きなことには積極的な関心をもちますが、道徳の実行や品性の向上など、生きていくうえで真に価値のあることには関心が薄く、消極的になりがちです。それは、私たちが利己心に支配されやすいからです。そこで、大事と小事を思い誤ることなく、すすんで最高道徳の話を聞き、人心の開発救済に努力して、自己の道徳心の向上に努めていく必要があります。

私たちの心に慈悲の種子《しゅし》が芽生《めば》え、至誠の精神が満ちてくれば、おのずから自分の好悪《こうお》の感情や眼前《がんぜん》の小さな利益などにとらわれなくなり、泰然《たいぜん》として最高道徳の実行に邁進《まいしん》するようになります。

58 策《さく》を他《た》に進《すす》むるときは必《かなら》ずその責《せ》めを負《お》う

この格言は、人に忠告や助言をするときの心構えを示したものです。

他人の服装や持ち物、住まいなどを見ると、ふと思いついたこと、感じたことを口に出し、ああしてはどうか、こうしてはどうかと、忠告をしたがる人がいます。それは親切心の表われともいえますが、一面では、自分のセンスやいいところを見せたいという自己顕《じこけん》示欲《じよく》の強いことを表わしています。これでは相手に対する真の助言にならないばかりか、かえって人間関係を悪くすることにもなりかねません。

むやみに忠告したり、アイディアや方法を提供することは、とり返しのつかない結果を招くことがあります。子供の教育に自信がもてない人、家庭問題で動揺《どうよう》している人、人間関係で思い悩んでいる人、事業の進退を決めかねている人など、世の中には迷いや悩みをもち、藁《わら》をもつかみたい思いで暮らしている人がたくさんいます。そういう人々の立場や事情を察することなく、確かな裏づけもなしに無責任な忠告や助言をすると、思わぬ結果をもたらし、相手ばかりでなく、自分自身も不幸になることがあります。

最高道徳では、人の運命にかかわるようなこと、あるいは事業の盛衰《せいすい》にかかわるような重大事について意見を述べるときには、徹底してその責任を負うという覚悟をもつのです。また、どんなに些細《ささい》なことでも、ある程度まではその責任を負わなければならないのです。

そのためには、慈悲の心にもとづいて意見や忠告をすることが必要です。すなわち、なんとか相手に幸せになっていただきたいという心で、その人の置かれている状況を冷静に見きわめるとともに、その心理状態を深く察することが大切です。そのうえで適切な解決策を勧《すす》め、その成り行きについてもつねに心を配り、その結果についてはどこまでも責任を負うのです。

しかし、重大な問題にかかわったとき、直《ただ》ちに責任のある態度をとることは難しいことです。そこで、日ごろから一言一行《いちげんいっこう》を慎《つつし》み、それに責任を負う習慣を養うように心がけなければなりません。このような思いやりにもとづいた責任ある言動は、相手に感化を与え、信頼に満ちた人間関係を築くことができます。さらに、相手に新たな好運命を開かせるほどの大きな力となるのです。

59

質《しつ》を尊《たっと》び量《りょう》を次《つぎ》とし労《ろう》を積《つ》み大成《たいせい》す

この格言は、質の向上に重きを置いて努力することの大切さを述べたものです。

私たちは日常生活のいろいろな場面で、「量よりも質」あるいは「質よりも量」というように、質と量のことを問題にしますが、とかく量にとらわれて質を忘れることが多いものです。もちろん量も大切ですが、さらに重要なのは質です。農業、工業などの生産物においては、ある程度の質のものが大量に必要とされることがありますが、団体の成員は少人数でも質のよいことを第一とします。どのような団体でも、その団体の発展を左右するものは、究極的には成員一人ひとりの道徳的な質です。

企業を例にとれば、現在どんなに資本金が多くても、利益のあがる事業をしていても、また設備が十分に整《ととの》っていても、必ずしもその企業が永続的に発展するとはかぎりません。企業の永続は、道徳的な経営理念をもち、社会に利益をもたらし、人々の幸福を増進するという使命と責任を果たしていくことによって可能になります。そのためには、経営者をはじめ、企業を構成する成員一人ひとりが人間としての質を高め、一致団結して道徳的な企業体質をつくり上げることが根本です。

また日常生活においても、つねに心づかいと行ないに反省を加え、道徳的資質を高める努力を積み重ねて、大成《たいせい》を期すのです。さらに人心開発救済においては、人数の多少にとらわれることなく、たとえ少人数でも一人ひとりを深く救済していくのです。

ところで、質の高い人とは、単に知的に優《すぐ》れている人、多芸多才《たげいたさい》の人、また奮闘《ふんとう》努力する人のことではありません。知的にも技術的にも優れ、何でもできる人は、ともするとうぬぼれや高慢心によって団体内の調和を乱しやすいものです。また、がむしゃらに仕事のみに熱中する人は、協調性を欠き、団体の秩序を混乱させる危険性をもっています。このような能力や努力を真に生かすものは品性です。したがって、私たちは高い品性を涵養《かんよう》することが求められます。

最高道徳でいう質の高い人とは、学問、知識、技術、芸術、あるいは信仰などに優れていて、素直で温かい慈悲心をもち、それらの力を正しく活用できる高い品性をもった人です。私たちは、そのような人間になるために道徳的な努力を累積し、品性の向上と団体の発展をめざして進むことが大切です。

60

他人《たにん》の欠点《けってん》我《われ》これを補充《ほじゅう》す

この格言は、人間関係を円滑《えんかつ》にするための心構えを説いたものです。

世の中には完全無欠な人はいません。だれでも長所とともに短所をもっています。ところが私たちは、他人の欠点を見つけた場合、得意になってそれを指摘したり、非難や攻撃《こうげき》をすることがあります。ときには、そうすることが正しいことであるかのように錯覚《さっかく》することさえあります。

しかし、欠点や短所を暴《あば》かれて喜ぶ人はいません。指摘された人は、怒りや憎《にく》しみを覚《おぼ》えて反発したり、心に深い傷を受けたり、ときにはその傷が原因となって人間不信に陥《おちい》ったりすることもあります。いずれにしても、人の欠点や短所を指摘し暴露《ばくろ》するということは、人間関係を悪化させることになります。

また一般に、他人の欠点や不足を補うような場合でも、不満の心を抱《いだ》き、愚痴《ぐち》を言いながら行なうことが多いのです。それでは相手からは喜ばれず、自分自身の品性も高めることはできません。

「他人《ひと》は自分の鏡」といわれるように、私たちは他人の中に自分自身の姿を見るのです。たとえば他人が高慢に見えるのは、自分にも高慢心があるからです。つまり、他人の欠点や短所が気になるということは、自分の中にも同様の欠点や短所があり、それを気にしているということです。

そこで最高道徳では、他人の欠点や短所に気づくことがあっても、それを直《ただ》ちに指摘し非難するのではなく、相手の幸せを心から祈って力の及ぶ限り真心をもってその欠点を補おうと努力するのです。しかし、やむを得ず注意しなければならない場合には、決して相手を責めるのではなく、自己に反省しながら、その不足を補っていこうとする思いやりの心で当たるのです。

たとえば夫婦が互いに補い合って生活すれば、愛情と信頼はいっそう深まり、幸せな家庭を築くことができます。また職場においても、補い合うという精神で仕事をすれば、強固な信頼と協調の関係が生まれ、何事も円満に運びます。

このように、他人の欠点を補うという精神は、自己の品性を向上させるとともに、人間関係を円滑にするのです。

61

無《む》我《が》の心《こころ》はじめてよく良《りょう》果《か》を生《しょう》ず

この格言は、利己心を克服《こくふく》することの大切さを説いたものです。

ここにいう「無我の心」とは、自己にとらわれない、自我を没却した状態をいいます。自己に執《しゅう》着《ちゃく》する心をもっていると、物事を正しく見、正しく考え、正しく行動することができず、良い結果を生み出すこともできません。

あらゆる人間関係を損《そこ》なわせているものは、この自分にとらわれる心です。私たちが自己への執着心をもっていると、相手を心から受けいれることができず、いつまでたっても人間関係は円滑《えんかつ》になりません。たとえば経営者が自分にとらわれる心をもっていると、従業員の優《すぐ》れた能力を見いだすことも、適材を適所に配置することも困難です。また、従業員の努力を公平に評価することもできず、社内の人間関係を悪くして、結局、企業の活力を低下させることになります。

また、人心開発救済を実践しようとするときでも、あの人を開発しようとか、この人を救済しようと、自分の好き嫌《すきら》いで相手を選択するようでは、すでに自分にとらわれていることになります。

良い結果は、自己へのとらわれをなくし、慈悲の心になることによって生じるのです。

釈迦《しゃか》は「一切《いっさい》の生きとし生けるものは幸福であれ。（中略）あたかも母が己《おの》が独《ひと》り子《こ》を身《しん》命《めい》を賭《と》しても護《まも》るように、そのように一切の生きとし生けるものどもに対しても、無量《むりょう》の慈《いつく》しみの心を起こすべし」（『ブッダのことば—スッタニパータ』）と述べています。このような慈悲がすべての聖人を聖人たらしめている根本の精神であり、最高道徳の核心をなすものです。

有限な物質の力に比べて、精神の力は無限かつ偉大です。私たちが慈悲の心になれば、物事の判断も正確になり、良い知恵も湧《わ》き出てきて、人を育てることができます。また、健康の維持や病気の治癒《ちゆ》にも大きな効果があります。

最高道徳では、どのような場合でも利己心を克服して慈悲の心となり、すべての人を開発し救済しようとするのです。さらに、救済は人間の力だけでできることではなく、神の力によるものであるという謙虚《けんきょ》な心をもって努力するのです。このような無我の心が予想外の良果をもたらし、その人の運命を開いていく力となるのです。

62

天命《てんめい》に従《したが》いて曲《つぶさ》に人事《じんじ》を尽《つ》くす

この格言は、正しい法則に従って努力することの大切さを述べたものです。一般に「人事を尽くして天命を待つ」という言葉が知られています。これは、学力、知力、財力、権力など、自分のもっているすべての力を尽くし、その結果は天に任《まか》せるということです。多くの人々がこの言葉を座右《ざゆう》の銘《めい》として、日夜、奮闘《ふんとう》努力しています。ここには、全力を尽くしたという満足感と、たとえどのような結果になっても仕方がないという一種の諦《あきら》めの気持ちが含まれています。しかし、同じ努力でも、動機や目的が異なれば、まったく違う結果になります。

最高道徳では、人事を尽くすに際しての動機や目的を重視します。すなわち、自分の今後の心づかいと行ないを神意に合致させ、聖人の教えにもとづいて人心の開発救済にいっそう尽力することを神に誓《ちか》うのです。しかし、すべて聖人の教えは道徳の根本原理を示したものですから、実行に当たっては、現代の知識および状況などを考慮して、その根本原理を実践する具体的方法を見いだし、慈悲の心をもって全力を尽くしていくのです。

私たち人間は、他の生物と同様に自然のはたらきによって天地間に産み出され、生かされている存在です。その精神も肉体も、究極的には自然の法則に支配されているといえます。したがって私たちは、この法則の存在を深く認め、法則に適《かな》った生き方をしなければなりません。そこで、まず自分中心の利己的な心を克服《こくふく》し、すべての人を慈《いつく》しみ育てようとする、低い、優しい、温かい心づかいになることが大切です。つまり、人心開発救済の精神を根本にして、あらゆることに全力を尽くすのです。このように法則に適った生き方をすれば、おのずから神のはたらきに参加し、「天功《てんこう》を助ける」ことになります。そして、その精神はつねに安心かつ平和となるのです。

最高道徳では、人事を尽くして天命を待つのではなく、天命に従って人事を尽くすのです。私たちが天命に従い、人心開発救済の精神で何事にも全力で当たれば、自己の品性はますます向上し、何事も成就《じょうじゅ》しますから、実際的、科学的に真の安心立命を得ることができるのです。

63

饗《きょう》応《おう》最《もっと》も慎《つつし》むゆえに馳《ち》走《そう》と称《しょう》す

この格言は、人をもてなす際の心得《こころえ》を示したものです。

「饗応」とは、酒食《しゅしょく》をもって人をもてなすことです。「馳走」とは「駆《か》け回《まわ》る」という意味で、来客をもてなす側の人がみずから奔走《ほんそう》し、苦労、努力して材料を調《ととの》えるということです。饗応に際しての料理が馳走と呼ばれる理由はここにあります。そして、その目的は来客の心を満足させることにあります。

ところが今日では、どんな料理でもすでにでき上がったものが、デパートや商店で容易に求められますし、また電話一本で届けてもらうこともできます。便利になったことは事実ですが、それと同時に料理に対する考え方が安易《あんい》になってきました。

古来、飲食物を他人に饗《きょう》することは、生命を維持し、温かい人間関係を築き、互いの生活を豊かにするうえで欠くことのできない重大な事柄です。人間にとって最高の価値をもつものは生命であり、飲食は人間生活の根本です。したがって、食事に十分な注意を払わなければならないのは当然のことです。とくに来客をもてなすときには、相手に対する深い思いやりの心をもって、慎重《しんちょう》で行き届いた配慮《はいりょ》をすることが必要です。
そのためには、次の諸点に留意することが大切です。
㈠ 危険のおそれのない飲食物を供すること。
㈡ 滋養分のあるものを出すこと。
㈢ 美味《びみ》のものを出すこと。
㈣ 形のうえでも清新さと美観を添《そ》えること。
以上の点を踏まえて、真心を込めて料理し、来客に真に満足していただけるように心がけるのです。料理をする人が、自分の腕前を見せようとか、感心してもらおうなどというような心づかいでつくった料理は、たとえ本人がその味に満足していても、来客が心から満足してくれるとは限りません。
広池千九郎は「料理の形をよくするのは敬《けい》である。味をうまくするは愛である」と言っています。相手を敬《うやま》い尊重する心でよく材料を吟味《ぎんみ》し、愛情を込めて料理し、来客に心から満足を与えることが真の意味の馳走です。

64 衛《えい》生《せい》療《りょう》病《びょう》必《かなら》ず法《ほう》に適《かな》うを要《よう》す

この格言は、健康を維持し病気を治《なお》す際の心得《こころえ》を説いたものです。

私たちは、さまざまな健康法や治療法を用いて、健康を維持し、あるいは病気を治そうとします。また、大病にかかった場合には、ときとして祈禱《きとう》やまじないなどの偏《かたよ》った療法を行なうことがあります。しかし、このような方法の中には、自然の法則に適《かな》っていないものもあります。

人間は精神と肉体から成り立っています。健康を維持し、病気を予防し、また病気を治すためには、精神と肉体の両方を自然の法則に適合させるように心がけることが大切です。

精神を自然の法則に適合させるということは、自我に満ちた心を改め、最高道徳の精神になるということです。また、私たちの体には生理的法則がはたらいています。暴飲暴《ぼういんぼう》食《しょく》や偏食《へんしょく》などはこの法則に反しているといえます。したがって、日ごろから節制《せっせい》に努め、衣食住のすべてを自然の法則に適うように整《ととの》えていくことが必要です。
しかし、十分注意しているつもりでも、病気になることがあります。そのときは、まず医師に相談し、適切な処置《しょち》を施《ほどこ》してもらわなければなりません。そして、病気になったことを悲観したり、早くよくなりたいと焦《あせ》ったり、あるいは不平不満をもつことなく、修養の機会を与えられたものと考えて感謝し、静かに自己に反省することです。また、医師をはじめ、看護してくれる人々に対しても感謝し、素直な気持ちで療養《りょうよう》に努めるのです。心と体は相互に密接に関係していますから、素直な心、感謝する心は、ストレスを取り除き、肉体によい影響を与え、病気の回復を早めることになります。
このように、モラロジーでは、不完全な心づかいを改め、慈悲の心になることを第一としますが、決して偏った精神主義を主張するものではありません。すなわち、病気を治すに当たっても、精神の改善を心がけるとともに、各人の体質に合った物理療法、薬餌《やくじ》療法、転地療法などを尊重して、適切に用いていくのです。《天然《てんねん》と人為《じんい》と調和《ちょうわ》して併《あわ》せ用《もち》う》
健康を維持し、病気を治し、長寿《ちょうじゅ》を得る方法は、第一に精神を最高道徳的に改めることにあり、第二に肉体を自然の法則に適合させることにあります。

65

迅速《じんそく》 確実《かくじつ》 典雅《てんが》 安全《あんぜん》

この格言は、物事を成就《じょうじゅ》するための行動の基準を示したものです。

物事をなすに当たって、迅速に行なうことが第一だという人もいれば、確実にするほうが第一だという人もいます。あるいは、典雅すなわち美しくて品位があることを重んじる人もいれば、安全を重視する人もいます。

また、人間の天性は各自それぞれ異なっています。つまり私たちは、一人ひとり違った個性や能力をもって生まれ、みな異なった長所や短所をもっています。たとえば、仕事を素早《すばや》くこなす人もいれば、安全、確実ではあるが、ゆっくり進める人もいます。そして、迅速が大切だと言えば粗雑《そざつ》になりやすく、典雅を教えれば緩慢《かんまん》に流れやすく、緩慢を戒《いまし》めると安全、確実を無視してもよいのだと誤解されることもあります。

このように私たちは、自分の好みや性格に合ったことを第一に考えやすく、そのほかのことを軽視して行動しがちです。しかし、日常の行動が迅速で活発であるからといって、その態度が粗暴《そぼう》であったり、不確実であったり、あるいは安全を欠いていたのでは十分とはいえません。

最高道徳では、迅速かつ活発に加えて典雅、温良な態度で行動をし、さらに確実、安全に事を処置することを理想とします。迅速、確実は物事を成功させる方法であり、典雅、安全は社会からの信用を高め、事業を永続させる大事な要素です。

しかし、人に対してこの理想を求めても、それを実現することはなかなか難しく、教育の困難さもここにあります。そこで、教育する立場にある人は、つねに慈悲寛大の精神をもち、相手の長所や短所をよく見きわめ、いかなる場合にも忍耐強く導いていくことが大切です。

私たちは、物事を行なう場合、事の本末《ほんまつ》、大小を見きわめて、相手の能力や性格、あるいは周囲の状況を考え、臨機応変《りんきおうへん》に対処《たいしょ》することを心がけなければなりません。すなわち、実際の行動に当たっては、迅速にこれに着手し、確実にこれを処理し、典雅かつ安全な方法を選び、つねに慈悲寛大自己反省の精神をもって進むのです。これが最高道徳にもとづく事物完成の要諦《ようてい》です。

よ

り

れ

ろ

わ

そ

た

ち

て

と

に

す

せ

索　　引

最高道徳の格言

昭和59年6月4日　　初版第1刷発行
令和6年7月11日　第2版第2刷発行

編集
発行　公益財団法人モラロジー道徳教育財団
〒277-8654 千葉県柏市光ヶ丘2-1-1
TEL 04-7173-3155(出版部)
https://www.moralogy.jp

発売　学校法人廣池学園事業部
〒277-8686 千葉県柏市光ヶ丘2-1-1
TEL 04-7173-3158

印刷　シナノ印刷株式会社

ISBN978-4-89639-279-1

令和3年4月、法人名称の変更に伴い、編集・発行を「モラロジー研究所」から「モラロジー道徳教育財団」に改めました。